바른 차생활의 필독서

한국의 차문화

| 반취 이기윤 |

차를 마시면 흥하고
술을 마시면 망한다 (飮茶興飮酒亡)
— 정약용 —

남양

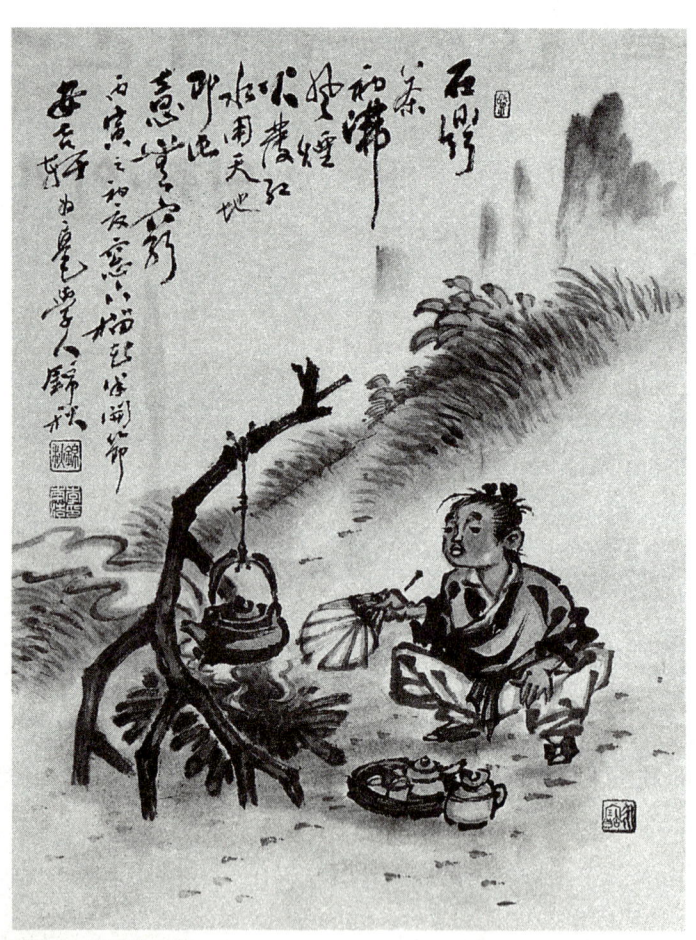

錦秋 李南浩 作 茶童

내 삶에 가장 큰 장애는 저혈압이었다.
픽 픽, 특히 화장실에서 잘 쓰러져
소변 보러가기가 두려울 정도였다.
차를 마시는 것으로 안정과 건강을 얻었다.
차는 내게 은혜이자 신앙이 되었다.

차생활 운동 일선에서 만난
쉽게는 못 잊을 그 많은 따뜻한 분들,
눈을 빛내며
아름다움과 희망을 이야기 하며,
'조국'이라든가 '문화' 같은
낡고 초라해져 버린 낱말을
소중히 보듬던 애국자들…

삼가 이 책을 그들에게 바친다.

- 著 者 -

한국의 차문화

개괄 · 차 이야기 • 9

□ 제1부 또하나 역사의 중심 – 차

차나무 전설과 기원(起源) • 29
다도(茶道)는 선(禪)의 발전된 의식 • 39
가야 · 신라인의 차생활과 토산차 • 47
화려했던 고려인의 차생활 • 65
조선 건국과 신유학의 물결 • 77
커피의 수난과 일본 다도의 형성 • 83
점필재의 함양다원과 한재의 차노래 • 97
세계로 번지는 차, 열광한 유럽인들 • 107
혜장선사와 다산 정약용 • 119
추사 김정희와 초의 의순 • 139
손탁의 커피하우스와 다모쓰의 "조선의 차와 선" • 149

□ 제2부 우리 것 찾기 운동과 다도열풍

효당 최범술과 의재 허백련 • 163
우후죽순처럼 생겨난 현대 차모임 • 175
우리 것 인식 새롭게 한 차운동 • 181
차운동 일선에 나선 승려와 여성 • 193
일지암 복원과 차의 날 선언 • 199
국제행사와 차잡지 월간 다원의 부침 • 211

그리고 남은 이야기 • 223

차나무 꽃. 12월에 피어 1월까지 간다. 차나무는 꽃과 열매를 동시에 보여주어 '실화 상 봉수'라고도 한다.

개괄 · 차 이야기

차는 인도를 비롯한 동남아 일대와 중국 남부 지역이 원산지로 알려지고 있다. 그러나 오늘의 세계에서 차를 상음하지않는 민족은 없다. 일인당 소비량을 보면 영국을 으뜸으로 스웨덴 · 노르웨이 · 덴마크 · 프랑스 등, 유럽 사람이 생산지에 사는 동남아 사람보다 더 차를 즐기고 있다.

시베리아 원주민이나 몽골 · 티베트인들은 겨울이 되면 추위가 극심하고 공기가 건조한 환경 때문에 몸의 수분이 결핍되기 일쑤여서 갈증을 해소하는 생존 수단으로 차를 마시고, 중국 중북부 지방은 수질이 나빠 그대로 마실 수 없기에 흐린 물을 맑게 하는 효능의 차가 필수품이 되어 있다. 중국이 차를 공산품 아닌 농산물로 정한 일이나, 중 · 일(中 · 日)전쟁 때 소련이 중국에 비행기를 원조하고 대신 차를 가져가는 일화는 그래서 생겨났다.

차로 인해 일어난 전쟁 중 유명한 것은 미국의 독립전쟁과 영 · 청 간 아편(阿片)전쟁을 꼽을 수 있다. 미국 독립전쟁은 1773년, 당시 영국 수상이던 F · 노스가 신대륙 식민지 상인들에 의한 차 자유 거래를 금지시키고, 높은 관세를 부과한 것이 원인이었다.

예전처럼 차를 마실 수 없게된 보스턴 시민들은 이에 항의하여, 마침 항구에 정박 중인 무역선을 습격, 배에 실려있던 차상자를 모두 바다에 던져버렸다. 이에 노한 영국은 군대를 파견해 응징하려 했고, 여기 보스턴 시민들이 민병대를 조직해 맞선 것이 미국 독립 전쟁의 직접적인 발단이었던 것이다. 아편전쟁(1840-1842)은 영국내 차 소비가 늘어나 수입이 급증하자, 기존의 은(銀)이나 모직물·향료 등으로는 무역 적자를 감당할 수 없어 인도산 아편을 중국에 수출하기 시작한 데서 비롯되었다.

이와 같은 일화는 차가 인간 생활의 필수적인 기호(嗜好)음료로서 인류 문화(文化)에 끼친 영향이 적지 않음을 시사한다. 오늘날 술·담배·커피 등과 함께 인류가 애용하는 기호품(嗜好品) 중 가장 오랜 역사를 갖고 있는 것이 차라는 사실에 주목할 필요가 있는 것이다.

기록상 우리 나라 차는 1천3백년 역사를 가지고 있다. 김부식(金富軾)은 삼국사기(三國史記) 신라(新羅) 흥덕왕(興德王) 조에 이르기를,

…흥덕왕 3년, 당(唐) 사신 대렴(大廉)이 돌아올 때 차 종자를 가지고 왔다. 흥덕왕은 이를 지리산(智異山)에 심게 했다. 차는 선덕왕 때부터 있어왔는데 이때 이후 더욱 성행하게 되었다…고 했다.

이에 근거하여 차가 중국에서 전래된 시기를 흥덕왕 3년인 서기 828년으로 보는 것인데, 그러나 차는 선덕왕 때부터 있었다고 했으니 선덕왕은 신라 제27대왕으로 재위기간이 2백년 전인 632년부터 647년이다.

한편 일연(一然)은 삼국유사(三國遺事)에서 경덕왕(景德王)과

충담선사(忠談禪師)가 만나 차를 나누는 장면을 보다 구체적으로 전하고 있다.

…스님이 걸망을 푸니 차와 다구(茶具)가 나왔다. 정성껏 차를 다려 경덕왕께 드리니 왕은 그 맛의 은은함과 기이한 향기를 극찬했다. 충담은 주위의 신하들에게도 차를 나누어주었다…

경덕왕은 신라 제35대 왕으로 재위 기간이 742년부터 765년이니 세계 최초로 다경(茶經)을 썼다는 육우(陸羽)가 막 태어나 자랄 무렵이다.

더 거슬러 올라가면 유사(遺事)의 가락국기(駕洛國記)에도 차 이야기가 있다. 김수로(金首露)왕과 허황옥(許黃玉)의 혼인 설화에 이르기를, 아유타(印度의 옛이름)에서 시집올 때 가지고 온 예물 중에 차나무씨가 있어 김해(金海)에 심게 했다 하였다. 직근성이어서 뿌리가 밑으로 곧게 뻗는 차나무는 한 번 심으면 옮겨 살지 못하는 특성이 있어, 시집가는 여자가 정조를 지키는 상징으로 삼았는데 허황옥도 같은 뜻에서 가져왔다는 것이다.

가락국에서는 선왕의 제단(祭壇)이나 국가적인 의식에도 차를 올렸는데 이는 불사이군(不事二君)의 충절(忠節)과 효(孝)를 다듬는 행사였다. 풍속에 차를 사용하는 것이 가락국에서 보통이었다면 차가 전래된 시기는 기원전일지도 모른다.

식물학적 측면에서 접근하면 더욱 놀라운 사실이 발견된다. 일반적으로는 차문화의 대륙 전래설을 부인하기 어려우나 식물학 쪽에서 보면 차나무는 은행나무같이 고생대 지질(古生代 地質)에서 자생(自生)하는 근원(根源)식물에 속한다. 직근성(直根性)이고 심근성(深根性)이어서 시생대(始生代) 지질이 아니면 자생(自生)하기 어렵다는 말인데, 우리나라 지리산 일대가 이에 적합한 반면 인도나 스리랑카 중국에는 태초에 자생할만한 토양(土壤)이 없는 것이다.
 이와 같은 사실은 차가 중국에서 전래된 것이냐 인도에서 온 것이냐 아니면 우리 토산(土産)이냐의 논쟁을 부를만한 충분한 근거가 된다. 그러나 사가(史家)들은 토산차 설에 신중한 연구도 없이, 그저 불교 전래와 함께 중국에서 건너온 것으로 못박아 놓고 보기만 하고 있다. 사대주의(事大主義)와 식민사관(植民史觀)의 병폐라 아니할 수 없다.

 신라(新羅)시대 기초를 다진 차문화(茶文化)는 고려(高麗)로 이어져 불교의 성행과 함께 더욱 화려하게 피어났다. 특히 고려는 임금도 불타(佛陀)의 제자를 자처하던 시대라 손수 차를 다려 부처에게 공양하는 일이 흔했다. 사원에서는 음다(吟茶)의 명상을 통해 현성성불(見性成佛: 본연의 천성을 깨닫고 부처가 되는 것)로 이끌었고, 선비 사회는 끽다(喫茶)로 안빈낙도(安貧樂道)하며 풍류(風流)를 즐겼다. 조정에서는 모든 국가 행사 앞에 진다의식(進茶儀式)을 두어 예경(禮敬)의 표상(表象)으로 삼았다.
 그러나 조선조(朝鮮朝)에서는 억불숭유(抑佛崇儒)로 인한 불교 쇠퇴와 함께 그 빛을 잃었다. 뿌리깊은 생활문화이기에 단절될 성질은 아니겠지만 적어도 표면에서는 사라지다시피 했다. 치명적인 사건은 일본의 침략이었다. 국토를 피폐하게 만든 4백년전 임진왜란도 그랬지만 전체를 강점(强占)당한 근세 35년은 우리 역사의 찬란하고 자랑스러운 부분을 온통 약탈당하고 파괴·훼손당한 처참한 기간이었다. 그들은 왜곡과 비하·모략으로 아예 우리 문화를 말살하려 했다. 무엇보다 동양문화의 정수인 다도(茶道)를 오직 저희들 것으로 세우고자 그 모태(母胎)격인 한국 역사를 흔적 없이 지우려 했다. 원효와 설총의 가을 예찬(禮讚)이나 악성(樂聖) 우륵의 가야금 일화 같은, 민족 정서를 대표하는 감동적인 이야기들까지 하나 둘 교묘하게 일본화시켰다.

껍질만 남은 상태에서 광복을 맞은 우리는 공산주의 위협에서 우리를 지키는 일과 가난에서 벗어나는 일이 더 급했다. 바쁘게 흐른 역사의 격랑 속에서 찬란했던 차문화는 어쩔 수 없이 망각되어 갔다. 망각(忘却)위에 망각(妄覺)이 이중으로 겹쳤다.

하지만 생활문화란 과학문명과는 달리, 그 터(大地)를 근원으로 하는 삶에서 피어나는 법이다. 인위적으로 지운다 해서 없어지는 것이 아니요, 일시 지워졌다 해서 완전히 사라지는 것도 아니다. 흔적조차 없어진 듯 했지만 어느 골짜기인가 차나무는 살고 있었고, 세속과 차단된 사회에서나마 차생활은 이어져왔다. 이 땅의 차 마시는 풍습은 그렇게 이어질 수 있는 토착 문화였다. 나아가 세상이 안정을 찾고 삶의 질이 나아지면 차는 문화생활의 중심 수단이 되고, 예술적 상징이 되어 언제든 역사의 전면에 나설 태세를 갖추고 있는 것이기도 했다.

1970년대 일어난 "우리 것 찾기 운동"의 시작은 차생활운동이었다. 앞장 선 인사들은 영·호남에서 어렵지 않게 맥을 찾아냈다. 영남에서는 효당(曉堂)선생, 호남에서는 의재(毅齋)선생이 일으켜놓은 다풍(茶風)을 대중에게 널리 알리는 역할만으로도 초기 차운동은 반향이 컸고 보람도 있었다.

그러나 대중의 인식은, 일찍이 호암(湖巖) 문일평(文一平)이 지적하였듯 차에 대해 너무 무식(無識)하여, 바르게 이해하고 생활하도록 인도하기가 쉽지 않았다. 웬만한 지식인들도 "차"라는 글자를 마시는 음료의 대명사(代名詞) 정도로 알았다. 심지어 커피나 코코아·쥬스까지 차의 일종으로 여겼다.

차를 바르게 알려주려고 "다도(茶道)"를 이야기하면 대뜸 "일본 것을 왜 우리 문화에서 논하느냐"며 상대하지 않았고, 성급한 사람들은 반일(反日)감정까지 담아 얼굴을 붉히며 "얼빠진 짓"이라고 비난했다. 어처구니없는 일은 이에서 끝나지 않고 주무 부처인 당시의 보건사회부조차 차를 굳이 "녹차(綠茶)"로 분류하면서, 국산차(國産茶)의 일종이라 칭하는 우(愚)를 범하니 차문화 부활 운동은 짙은 안개 속에 첫발을 내딛는 격이었다. 차선생(茶先生)들은 차(茶)라는 글자가 대명사가 아닌, 고유명사(固有名詞)라는 기초부터 힘들게 설명해야 했다.

…커피나무가 따로 있듯 차나무도 따로 있습니다. 커피는 열매를 재료로 삼지만 차는 잎을 따서 가공합니다. 커피나무 열매를 커피라 하고 그 열매 우린 것을 커피라고 하듯, 찻잎 가공한 것을 차라 하고 그 우린 물을 또한 차라고 합니다. 커피와 차는 지구촌을 대표하는 양대 기호음료인데, 생산·소비의 양을 비교하면 차가 커피의 수십 배에 이릅니다…

… 세계 어디를 가도 커피는 커피라고 부릅니다. 아프리카에서도 커피, 아라비아나 태평양의 작은 섬에서도 커피입니다. 차 역시 세계인이 같이 발음하는 동의어(同義語)입니다. 우리가 차(茶)를 "차"라고도 읽고 "다"라고도 읽듯 중국에서도 광동 발음은 차(cha), 복건 발음은 테(te)인데, 이 복건성 발음이 유럽에 전해지면서 테 또는 티(tea)로 정착되었을 뿐입니다. 차·다·테·티가 모두 같은 말인 것입니다…

…차와 커피는 성분과 효능이 거의 같습니다. 커피의 카페인을 번역하면 글자 그대로 다정(茶精)입니다. 물론 몸에 좋은 음료라는 점도 같습니다. 커피보다 차를 마시자는 것은 커피는 1백% 수입에 의존하지만 차는 우리 땅에서 생산되기 때문입니다. 강한 목소리로

커피 유해론을 펴는 것은 원두커피가 아닌 인스턴트 제품을 가리키는 말입니다. 인스탄트제품은 만드는 과정에서 본래의 좋은 성분이 파괴되거나 변질되기 때문입니다. 물론 원형(原形)에서의 차와 커피는 동격(同格)입니다. 자체에 맛과 영양을 풍부하게 간직하고 있어 아무런 첨가물을 필요로 하지 않는 것도 같습니다.

차는 아직 현대 산업에 의해 인스턴트화 되지 않았습니다. 차정신을 존중한다면 영원히 그런 연구는 없어야 합니다…

차운동은 어린이를 설득하듯 힘들게 해야 했다. 식민사관적 주장을 받아 옮긴다 해도 1천3백년 이상 민족 생활문화에 지대한 영향을 준 기호음료를, 마치 새로 등장하는 문화처럼 어렵게 설득하며 동호인을 모아야 했다.

다행히 한 해 두 해 지나면서 인식은 나아졌고 차를 배우려는 사람도 늘어났다. 어쩌면 그것은, 경험에는 없지만 이 땅에서 태어난 사람들의 잠재의식에는 있는, 신토불이적인 문화이기 때문으로 보였다. 낯설면서도 낯설지 않은, 고향 감정을 자극하는 그 무엇인가가, 차에 있었던 것이다.

차를 예찬하는 소리가 높아지면서 생산과 소비도 많아졌다. 어느 정도 과도기를 거치자 시장은 눈덩이처럼 커지기 시작했다. 하지만 차를 국산차의 일종으로 여기는 대중의 무식이나, 보사부가 입혀놓은 "녹차"라는 "이름 옷"은 그대로인 채였다. 시간이 흐르면서 그것은 "차의 본질" 회복을 어렵게 하는 가장 큰 장애로 성장했다.

한국 문화에 이해가 깊은 외국인들이 한결같이 궁금해하는 것 중 하나는, 어째서 동양에서 한국의 차생활 풍습만 사라졌느냐는 점이다. 지금은 비록 세계인의 음료가 되었지만 차생활의 시원(始原)은 동양이고, 따라서 동양인의 음차풍습은 어디서나 눈에 띌 만큼 유난한데, 유독 한국에서만 예스럽게 차 마시는 분위기를 만나기 어려운 이유가 궁금했던 것이다.

6·25 전화(戰禍)가 채 가시지 않은 때에 한국에 와서 20년간 선교활동을 펴며 유난히도 한국 자연과 문화에 깊은 관심을 보였던 성공회의 리처드·러트(한국명 노대영)신부는 그의 수상집 "내가 본 한국 한국인"에서 의재(毅齋) 허백련(許百鍊)과의 만남을 이렇게 회상했다.

…또 한번 한국인의 아름다움을 발견한 것은 허백련 화백을 만났을 때였다. 내가 광주의 무등산을 찾아갔던 때는 비가 한창 오는 여름날이었다. 허 화백의 집은 깊은 산 속에 있었다. 그의 집으로 올라가는 길 계곡에는 나무와 바위가 엉켜 있었다. 비속에서 이들 산천초목은 안개에 잠긴 듯 뿌옇게 보였다. 집은 아주 작은 초가집이었다. 거무틱틱한 얼굴의 허 화백은 얇은 여름옷을 입고 창가에 앉아 동양화를 그리고 있었다. 그의 옆에는 종이와 물 접시와 붓이 가지런했다. 방안의 가구는 조그만 책상과 몇 점의 찻잔이 있을 뿐이었다.

나는 차를 석 잔 대접받았다. 차는 젊은 서생(書生)이 끓였다. 우물에서 길어 온 물을 쇠주전자에 넣고 끓인 뒤 손잡이가 대나무로 된 차주전자에 붓고는 차를 만들었다. 찻잔은 요새 만든 값싼 것으로 보였지만 차맛은 썩 훌륭했다…

그는 다시 "풍류 한국(風流韓國)"에서, 자신은 허 화백과의 만남 이후 한국 지리산과 무등산 차의 깨끗한 향기와 맛을 즐기게 되었다면서, 중국인이나 일본인은 차를 일상적으로 마시고 있는데 그들과 비슷한 문화를 지닌 한국 사람은 왜 차를 마시지 않는지 모르겠다고 의문을 제기한다.

"한국풍속지(韓國風俗誌)"의 저자 제임스 S 게일도 마찬가지 의

문을 제기한다. 그러나 그는 한국에서 차생활 풍습이 사라진 시기를 18세기로 추정하면서, 이는 한국에 담배가 수입되기 시작한 때였음을 지적한다. "식후불연(食後不煙)이면 소화불량(消化不良)"이라는 새 유행어가 등장하면서 일상다반사(日常茶飯事)의 풍습을 몰아냈을지 모른다는 견해인 것이다.

담배는 18세기가 아닌 17세기 초 광해군(光海君)때에 들어왔다. 짧은 시간에 널리 번지며 선비 사회의 아낌을 받았는데, 이때 선비들이 담배를 연차(煙茶)라 불렀고 애연가를 끽연가(喫煙家)라 했다는 기록을 어디선가 보았던 모양이다. 어쨌든 이들에겐 세계적인 고려차완(高麗茶碗)을 낳은 한국에서 차생활 습속을 볼 수 없는 것이 커다란 의문이었던 것이다.

한국 내 야생차(野生茶) 분포현황을 일일이 조사하여 "조선의 차와 선(朝鮮の茶と禪)"을 공저(共著)로 펴낸 일본인 가즈오(家入一雄)와 다모쓰(諸岡 存)는 한국에서 차생활 습속이 사라진 이유로 세 가지를 내세웠다.

첫째는 한국의 차가 사원(寺院) 중심으로 전래되어 왔으므로 조선조 불교 쇠퇴와 함께 차 마시는 풍습도 쇠퇴했을 것이라는 추측이다. 그 근거로 그는 차나무가 사원 부근에 한정되어 자생하고 있는 점을 들고 있다. 둘째로 한국은 유난히 수질이 좋아 구태여 차를 마실 필요가 없었음을 지적했다. 이는 이능화(李能和)가 조선불교통사(朝鮮佛敎通史)에서 선인들이 차를 마시지 않은 것은 물이 좋기 때문이라고 한 것을 인용한 것이다. 셋째 대목에서는 그 역시 담배(煙草)를 들고 있다. 그 시대 담배 소비량의 급격한 증가를 들어, 기호성이 더 강한 연초가 순식간에 차를 대신하게 되었을 것이라는 나름대로의 추리이다.

다모쓰의 견해 중 한국은 물이 좋아 차를 마실 필요를 느끼지 못했다는 부분은 설득력이 있어 보인다. 이웃 중국인들이 음차를 생활화한 배경에는, 수질이 나빠 자연수를 그대로 마실 수 없는 불가피한 사유가 있었음을 감안한 것이다. 그러나 과연 그렇다면, 신라나 고려조의 찬란한 차문화는 어떻게 설명되어야 하는 것일까.

담배가 차를 몰아냈을 것이라는 가정(假定)도 성분을 알고나면 설득력을 잃는다. 후일 과학적으로 밝혀진 일이지만, 차의 카페인과 담배의 니코틴은 몸안에서 서로 독성을 상쇄, 중화시키는 성분을 가지고 있다. 그렇다면 상식적으로도, 서로 보완하는 성질을 가진 기호품 하나가 다른 하나를 몰아낼 이유는 없는 것이다. 세계의 다양한 민족이 담배와 더불어 차 마시기를 생활화하고 있는 사실에 비추어도 이는 잘못된 논리이다. 한국만이 유난스럽게 담배를 더 좋아해 차생활을 버렸을 것이라는 가정은 억지일 수밖에 없는 것이다.

조선 후기 차가 귀해지면서 끽다(喫茶)의 풍습을 이을 수 없게 되자 대용 음료로 인삼즙이니 쌍화탕 구기자 결명자 칡즙 숭늉까지 등장했던 사실을 보면 더더욱, 우리 나라 사람들이 생수(生水)를 그대로 즐기는 성품은 아니었음이 입증된다. 이런 이유에서 러트 신부는 이렇게 반문한다.

…여러 사람들이 한국은 물이 맑아 차를 끓일 필요를 느끼지 못했을 것이라고 말들 하지만 나는 그렇게 생각하지 않는다. 좋은 물이 있으면 더욱 좋은 차를 끓일 수 있음을 알기 때문이다…

차는 무엇보다 물이 좋아야 한다는 가르침은 육우(陸羽) 다경(茶經)에서 비롯된다. 온전한 물이 아니면 차의 신(神)이 나타나지 않는다면서 좋은 물을 더욱 정성스럽게 다루는 것이 차정신(茶精神; 茶道)이라고 다경은 설명하고 있다.

육우 다경 제5장 "차 달이기(五之煮)"를 보면 좋은 물의 선택(品泉)에 대해 이렇게 적혀있다. …

산물은 위의 것, 강물은 가운데 것, 우물물은 아래 것을 쓴다. 산의 물은 유천(乳泉)이 으뜸이다. 석지(石池)의 물은 완만하게 흐르는 데서 위의 것을 취해야 한다. 폭포같이 용솟음치는 것과 양치질 소리를 내면서 흐르는 여울물은 먹지 말아야 한다. 그런 물을 먹으면 목병을 얻는다.

산의 물이라도 골짜기의 샘물은 오래도록 고여 흐르지 않는 것이 많다. 여름으로부터 상강(霜降) 이전이라면 잠룡(潛龍)이 독을 쌓아두었을지도 모른다. 이런 물을 먹어야 할 경우에는 먼저 물꼬를 터서 샘물이 졸졸 흐르게 한 다음 잔질하여 마셔야 한다. 강물은 인가에서 멀리 떨어진 것을 취해야 하며, 우물물은 많이 길어 먹는 것이어야 한다…

육우가 으뜸이라고 한 젖샘(乳泉)이란 종유석(鐘乳石)의 샘과도 같은 산골의 고수(骨髓)로, 감로(甘露)와 같이 달고 향기로운 물이다. 보통은 맑지만 비중이 무거울 수록 흰빛을 띠기도 하는데, 이 젖샘이 가장 좋은 물이라고 예찬하는 점에서는 구양수(歐陽修)·전예형(田藝衡)·이규보(李奎報)가 모두 견해를 같이 한다. 주목할 것은 이 젖샘 이야기만 빼면 중국 땅은 물이 나빠 함부로 마시면 목병을 얻으니 아무쪼록 조심스럽게 잘 선택해서 차를 다려야 한다는 이야기다. 좋은 차맛을 얻으려면 좋은 물이 있어야 하는데, 중국에서는 좀체 그런 물을 얻기 어려움을 탄식(?)하고 있는 것이다.

육우 다경의 이 구절을 그대로 받아들여 우리 금수강산에서 더 좋은 물을 찾아 헤매는 것은 누가 보아도 해프닝일 것이다. 계곡마다 맑은 물이 넘치고 우물마다 정기 가득한 한국에서 유독 차 다리는 물은 목병을 얻을까봐 조심해야 한다는 것은 설득력이 없기 때문이다. 조심하라고 하기보다는 좋은 물이 있음으로 더욱 품위 있는 차생활을 할 수 있는 조건이 애초에 갖춰져 있음을 깨닫게 하였을 것이다.

한마디 제언한다면 우리에게 필요한 것은 좋은 물이 아니라 우리의 다경(茶經)이다. 차에 대해 글을 쓰는 일이 육우로부터 비롯되었기에 육우 다경에 정도 이상의 의미와 가치를 부여하는 것은 이해할 수 있지만, 그러나 우리 입장에서 그것을 "만고불변의 중심교본(中心敎本)"삼아 무조건 따르고 섬기는 풍조는 이제금 고쳐져야 한다. 우린 우리에게 맞는 다경을 찾거나, 없다면 지금이라도 써야 하는 것이다. 이목(李穆)을 비롯한 여러 선비들이 차 노래(茶賦)를 남겼고 초의(艸衣)의 다신전(茶神傳)이 있지만, 그것들 역시 주요 부분은 중국 문헌에서 등초(謄抄)했거나 인용도가 높아 파고들수록 아쉬움만 커진다. 다만 하나 초의 동다송(東茶頌)에 몇 줄, 우리 차의 독특함과 우월함에 대해 기분 좋게 언급한 부분이 있어 위안을 주는데, 그러나 이 역시 유구하고 찬란하다고 역설하는 역사에 비해 너무 초라한 자료가 아닐 수 없다.

육우에 의해 다경이 쓰여진 8세기(762년), 신라(新羅)의 차문화는 다서(茶書)를 남기고도 남을만한 분위기였다.
차로 불공을 드렸고, 수도용으로 승려간에 애음되었으며, 나라에서는 국로(國老)나 고덕(高德)한 선사(禪師)를 대우하는 예폐물(禮幣物)이었다. 불후의 고전 삼국지에서 효심 지극한 유비가, 어머니께 드릴 차 한 줌을 구하기 위해 멀고 위험한 여행을 떠났다면, 신라의 문장가 고운(崔致遠)도 중국(唐)에 있을 당시 인편이 있을 때마다 고향의 부모님께 차를 보내드리는 효심을 보였다.

유사(遺事)에 보천(寶川)과 효명(孝明) 두 왕자가 강릉 오대산(五臺山)에 들어가 암자를 짓고 수도할 때, 이공(二公)이 매일 이른 아침 동중수(洞中水)를 길어다 차를 다려 문수불(文殊佛)에게 공양했다 했는데, 이 역시 신라 시절 이야기요, 강릉 한송정반(寒松亭畔)에 남아있는 석조·석구(石臼)도 화랑의 차생활 흔적이다. 다만 이상한 것은, 영남과 쌍벽인 호남땅(百濟圈域)의 차생활 이야기가 없는 점이다.

신라가 무력을 통해 정복한(660년) 이후 백제문화가 의도적으로 왜곡·비하되어 역사 속에 묻혀버렸기 때문이라는 소리가 있지만, 그것이 전부는 아닐 것이다. 본문에서 살피겠지만 여기엔 또 다른 역사가 반드시 잠자고 있다.

어쨌든 신라인이 다서를 집필했다면 그는 물의 선택을 그렇게 어렵게 적지 않았을 것이다. 한강 우중수나 속리산 삼타수를 특히 좋다고는 했을지언정, 여기 물은 이렇게 조심스러우니 가려서 떠야 하고 저기 물은 목병이 생길지 모르니 먹지 말라는 따위 대목은 필요없기 때문이다.

승려이자 시조 시인인 성우(性愚)가 86년 발표한 자료에는 차가 중국에서 건너온 것이 아니라 오히려 우리 것이 중국에 전해졌다는 기록도 있다. 중국에서 출간된 고서 사대명산지(四大名山誌)는 중국에서 제일 큰산이자 불교의 성지 네 곳을 소개하고 있는데, 그 중 한 곳인 구화산(九華山)편 지장(地藏;705-803)이야기가 그것이다. 지장은 신라 제33대 성덕왕(聖德王)의 장남으로 24세에 출가한 뒤 당나라로 건너가 구화산에서 성불(成佛)했다고 전해지는 성인(聖人)이다.

보현보살이 강림한 아미산(阿彌山/四川省)·문수보살이 살았던 오대산(五臺山/山西省)·관음보살의 보타산(菩陀山/浙江省)·지장

보살이 성불한 구화산(九華山/安徽省)등 사대 명산의 특색과 특산물을 자세히 소개하고 있는 이 책 제8권 구화산 편에는, 차나무는 지장스님이 신라에서 가져왔다고 했다. 차만 가져온 것이 아니라 벼(黃粒稻)도 가져왔다고 했는데 추정 연대가 서기 730년이니, 충분히 가능했던 일로 보인다. 이는 육우가 태어날 무렵에 해당한다.

이렇게 전후를 살펴보면, 일찍부터 차생활을 즐겼음에도 불구하고 차의 책을 남기지 않은 이유가 더욱 궁금해진다. 역설적으로 생각하면 정말, 어디라 흠잡을 데 없이 좋은 물이 철철 넘치는 땅이기 때문이었을지 모른다는 생각도 든다. 좋은 차도, 좋은 물도 풍부한 땅에서 자연스럽게 누린 차생활이었기에 구태여 글로 남길 필요를 못 느꼈던 것은 아닐까.

그러나 그런 가정은 설득력도 없고 우리를 아프게 할뿐이다.

우린 유난히 학문을 숭상하고 시를 즐기고 풍류를 논했던 민족이기 때문이다. 어느 민족보다 역사나 생활문화에 대한 기록이 풍부해야 마땅하고, 그런 기록만 있다면 금세 의문이 풀릴 것을, 없음으로 해서 명쾌하게 연결되지 않는 역사의 빈 공간들이 가슴을 아프게 하는 것이다. 아무리 이웃의 거듭된 침략을 감당하지 못해 빼앗기고 불태우고 잃었다 해도 어쩌면 그렇게 구전(口傳) 조각 같은 기록밖에 없는 것일까? 학자에게 미안한 말이지만, 혹 한자문화(漢文)의 단절이나 차에 대한 무식(無識)으로 인해 옆에 두고도 발견하지 못하는 것은 아닐까. 나라의 보물이 될만한 유물 전적이 대학 도서관 지하 창고에서 수십년 먼지에 덮여 있다가 어느 날 우연히, 하급 관리나 청소 담당자 눈에 띠어 새로운 발견이 이루어지고, 신문지상에 대서 특필되는 것을 보면서 학원 정치나 상업주의에만 온통 들떠있는 학문사회·학자풍토에 의구심을 갖다보면, 차문화에 대한 기록도 어딘가에 아직 있을지 모른다는 기대가 생긴다. 잔뜩 먼지 뒤집어쓴 상태일지라도 있다면 더없이 좋으련만.

　차는 생활문화의 중심이었기에 차운동은 우리 본래 모습을 찾자는 운동이 된다. 외세의 침략으로 헝클어진 역사를 바르게 정리하고, 상처받은 자존심을 회복하며, 학문과 예를 숭상해온 고결(高潔)한 민족의 긍지(矜持)를 되살리는 의기(義氣)가 담긴 국민 운동이다.

　현대화 과정에서 사라져가는 전통문화에 대한 가치관을 중심에서 바로잡음으로서 근본만큼은 변질되지 않도록 하는 동시에, 나아가 우리 문화의 우월함을 세계에 널리 알리는 운동인 것이다.

　우리 생활 속에 차가 어느 만큼 깊히 숨쉬고 있는가는 일상용어 속에 들어있는 차(茶)자를 찾아보는 것으로도 가늠할 수 있다.

　돌아가신 조상에게 예를 갖추는 일에서부터 손님을 정중히 맞이하는 일까지를 "다례(茶禮)"라고 하였다. 귀한 손님을 맞아 베푸는 연회를 다연(茶宴) 또는 다과회(茶菓會)라 하였으며, 손님을 대접할 때 사용하는 교자상을 다담상(茶啖床)이라 하였다. 지극히 상식적이면서 흔한 일을 일컬어 일상다반사(日常茶飯事)라 하였으며, 행인이 쉬어 가는 길가의 휴게소도 주막(酒幕)이라 일컫기 이전에는 음차소(飮茶所) 또는 다점(茶店)이었다. 혼자서 몰두할 수 있는 사색의 경지를 다도삼매경(茶道三昧境)이라 하였으며, 거친 심성을 순화시키면서 스스로 예절과 언행을 다듬는 교실을 다실(茶室)이라 하였고, 카페인(caffeine)이 곧 다정(茶精)이며, 응접세트의 가운데 놓이는 탁자나 티테이블 따위를 일컬어서는 다정(茶亭) 또는 다탁(茶卓)이라 하였다. 일상의 대화를 다담(茶談)이라 하였고, 사람이 만나면 차는 의례적인 것이라 하여 모임을 다회(茶會)라 부름했다.

　또한, 우리는 저도 모르게 하루에도 여러 번 차를 말하며 사는데 그 대표적인 한 마디가 정다운 사람을 만났을 때 튀어나오는 "차 한 잔 하자"이다.

스스로에게 물어보자. 그 한 마디를 누구에게 배워 언제부터 하고 있는가를. 아무도 가르쳐주지 않았다. 그러나 누구나 익숙하게 말한다. 그 한마디엔 따뜻한 정까지 담겨있어 의례의 틀을 벗어나 마음까지 훈훈하게 해 준다. 그것이 우리 문화의 본질이요, 예절의 근본이라면 더 이상 설명은 필요 없는 것 아닐까. 오신 손님 반갑게 맞아 편히 머물게 하고, 가는 손님 뒷모습 안 보일 때까지 배웅하는 것이 일반 심성이라면 "차 한 잔 하자"는 인사는 만남을 소중히 여기는 인간 존중 정신에서 피어난 독특한 생활문화가 아닐 수 없다.

"차 한 잔 하자"를 좀 더 발전시켜 보자. 상대가 반가울 수록 본능적으로, 분위기 좋은 곳으로 모시고 싶어진다. 기왕이면 귀한 그릇에 향기로운 차를 대접하고 싶고, 우아한 꽃이 있으면 더욱 좋으며, 감미로운 음악까지 갖추면 금상첨화가 된다. 그런 분위기에서 내는 차를 누구 시키지 않고 정성으로 직접 타낸다면 대접받는 기분이 어떠할까. 게다가 내는 모습까지 더없이 아름답다면?… 상상만으로도 그 자리에 넘칠 감동은 짐작될 것이다.

전통사회는 여기에 서로 공손하게 절하고, 덕담(德談) 나누는 것까지를 더하여 차예절의 기본을 삼았다. 차가 있는 자리는 의례(儀禮)에 그치는 것이 아니다. 이미 나열한 것만 살펴도 다양한 문화와 예술이 함께 함을 알 수 있다. 꽃이 있고 음악이 있고 우아한 장소(建築)가 있다. 도자기 문화가 함께 숨쉬는 가운데 시와 그림이 곁들인다. 차 향기만큼이나 훈훈한 덕담도 있다. 마음만 먹으면 일월청풍(日月淸風) 자연을 도반(徒伴)으로 인생과 우주의 조화를 노래하는 자리가 된다. 이것이 비약이 아니라면 스스로 반성해 보자.

세계가 격찬하는 고려청자나 조선 백자의 아름다움에 대하여 나는 과연 얼마만큼이나 깊이 있게 공감하고 있는가. 감상법이나마 제대로 알고 있는가. 잘 모른다면 원인은 자명하다. 차를 모르니 도자기를 논할 수 없는 것이다. 어떤 분야라도 예술의 감상은 생각하는 생활에서만 가능하다.

가장 중요한 "암시(暗示)의 가치"는 사유(思惟) 속에서만 살아 숨쉰다. 작가는 오직 작품만으로 말해야 한다. 이것이 무엇이라고 말하지 않고 그냥 놓아둠으로서 보는 이로 하여금 생각으로 완성하게 하는 것. 이것이 예술을 애호하고 수용하는 진실한 자세인 것이다. 경계할 것은 행여라도 종교나 역사에 사로잡히는 따위 구속되어서는 안 된다는 점이다. 주자의 유교(儒敎)를 숭상하면서 모든 불교적인 것을 멀리한 조선이 차만은 받아들여 가례(家禮)의 일속으로 삼은 이유는, 차를 외면하고 민족의 문화나 예술·풍류를 논할 수 없기 때문이었다.

결론적으로 차는 처세(處世)요 사유(思惟)이다. 안목(審美眼)을 키우고 예술을 수용하는 마음을 기르는 것이 차생활이다. 내 지식 없이 상대 지식을 논할 수 없듯, 스스로 아름답지 못하면 아름다움에 접근할 수 없다는 논리에서 나부터 가꾸고 다듬는 노력이다. 나아가 아름답게 산 사람은 아름답게 죽을 권리가 있다는 데서 차는, 이상과 현실을 넉넉하게 넘나드는 형이상학적 매개(媒介)가 되며, 각박한 삶에 무한 여유를 선사한다.

건강은 보너스다. 70%가 수분인 우리 몸은 물을 잘못 마시면 금세 병이 난다. 차의 가장 큰 효능은 흐린 것을 맑게 하는 것이다. 해독(解毒) 살균(殺菌)능력으로 나쁜 수질에도 차를 넣으면 금세 정화(淨化)되어 건강수가 된다.

차는 그렇게 타고난 성품으로, 약하다면 한없이 약한 인간을 정신적·육체적으로 돕는다. 섬세한 인격을 지니게 함은 물론, 쉽고 편하고 보기 좋고 간단한 것만 추구하는 현대인의 가볍고 거칠고 급한 심성을 순화시켜, 인정과 의리와 우애가 꽃피는 예술적 낙원으로 만드는데 기여하는 매개물(媒介物)이다. 잃어버린 차생활을 부활시키는 것만으로도 우리는 삶의 질을 한층 높일 수 있다. 질서를 회복할 수 있고 본래의 모습을 찾을 수 있다.

 차는 그런 뜻에서 문화 국민이 꼭 알아야 하고, 심취(心醉)해볼 가치가 있다. 다성(茶聖) 초의(艸衣)는 동다송(東茶頌)에 이르기를 "예로부터 성현이 모두 차를 사랑하였으니, 차는 군자와 같아 그 성품에 사기가 없음이라(古來聖賢俱愛茶 茶如君子性無邪)" 하였다.

 차는 이와 같은 성품으로 단순음료 차원을 넘어 문화 예술 철학의 모든 영역에서 진실하고, 확실한 지배와 풍요 - 즉 허(虛) - 를 구하는 현자(賢者)의 벗으로 민족과 역사를 같이 해 온 음료인 것이다.

제1부
또하나 역사의 중심 - 차

차나무 잎. 우리나라에서는 대체로 곡우(4월20일)전 5일경부터 차잎이 돋아나기 시작한다.

차나무 전설과 기원(起源)

차의 원료는 오직 차나무 이파리이다. 아무 이파리나 다 차가 되는 것이 아니고 봄을 맞아 가지 끝에 새로 돋아난 작은 이파리만을 취해 차로 한다. 긴 동면에서 깨어나 막 세상에 나온 연녹색 여린 이파리가 그것인데, 부드럽고 예쁘기가 참새 혀(舌)와 같다하여 선조들은 여기 작설(雀舌)이란 이름을 붙였고, 크기에 따라 세작(細雀) 준세작(準細雀) 중작(中雀) 대작(大雀)으로 구분하는 등 참새 작(雀)자를 단위 삼아 품질을 구별했다. 미소짓게 하는 조크(Joke)도 남겼다.

"차 이름이 참새(雀)의 혀(舌)라, 스님이 마실 지 의심스럽네."

우리 나라 기후에선 4월 20일 경 곡우(穀雨)를 전후해 진품(珍品)을 얻을 수 있는데 곡우 전 것을 우전(雨前)이라 하여 극상품으로 쳤고, 곡우 후 5일 것을 세작(細雀)으로 분류했다. 다음 일주일에 준세작(準細雀)을 얻고, 다음 일주일 딴 것으로는 중품(中品)을 삼았다. 하순에 얻는 것은 하품(下品)으로 물 대신 마시는 엽차(葉

茶)가 그것이다. 5월이 지나면 차를 만들지 않았다.
 진주농림전문대학의 김기원(金基元) 교수가 함양 마천에서 채집한 민요에 차 따기가 있다.

 초엽 따서 상전 주고, 중엽 따서 부모 주고 말엽 따서 남편 주고, 늙은 잎은 차약 찧어 봉지 봉지 담아 두고, 우리 아이 배 아플 때 차약 먹여 병 고치고, 무럭무럭 자라나서 경상 감사되어 주소…

 차나무 종류는 잎의 크기를 기준, 소엽종(小葉種)과 중엽종(中葉種)·대엽종(大葉種)으로 나눌 수 있고 원재배지 기준으로는 중국종·버마 샨종·인도 아샘종으로 분류한다. 본디 중엽종이란 말은 없고 중국 것에 소엽종과 대엽종이 있는데, 중국 대엽종이 인도 대엽종에 비하면 중간 크기에 불과하기에 편의상 그렇게 부르기로 한다. 버마종은 중국 대엽종과 비슷하여 함께 중엽종으로 분류한다.
 소엽종(小葉種)은 녹차(綠茶)용이다. "차"하면 녹차를 일컫듯이 차나무 하면 일단 소엽종을 일컫는다. 중엽종(中國大葉種)으로는 반발효차(半醱酵茶)를 만든다. 중국·대만의 오룡차(烏龍茶)가 반발효차를 대표하지만 인도 버마 파키스탄 등에서도 적지않은 양이 생산되고 있다.
 홍차(紅茶)는 찻잎을 완전 발효(醱酵)시킨 것인데 잎의 크고 작음에 관계없이 어떤 종류로도 가능하다. 인도(印度) 스리랑카 등 아열대 지방 찻잎에 타닌 함량이 많아 홍차(紅茶)용으로 인기가 높다. 지구촌에서 가장 많이 소비되는 차가 이 지역에서 생산되는 홍차이다.
 개량종을 대표하는 것으로는 일본의 야브기타종(種)을 들 수 있다. 녹차용인데, 이것이 우리 나라에 수입되어 보성 장성 강진 등

호남 일부와 제주도에 대단위 다원으로 조성되어 있다.

우리 나라 야생(野生) 차나무는, 분류상으로는 소엽종에 해당된다. 그러나 자세히 비교하면 중국 것보다 훨씬 작음을 알 수 있다. 본디 우리 토종은 작고 향기가 짙으며 육질이 치밀한 특징을 가지고 있다. 아고베(사과)·머루(포도)·산밤(밤)·고염(감)·돌배(배) 등을 보아도 모두 그렇다. 산삼이나 은행도 마찬가지다. 크기는 작으면서 성분과 효능은 세계인이 군침을 삼킬 정도로 뛰어나다.

이 책의 차 이야기, 차나무 이야기는 이러한 우리 야생차 중심인데 어쩌면 야생(野生)보다 자생(自生)이 옳을지도 모른다. 식물학적으로 접근하면 차나무는 고생대 식물로 아종도 없는 단과 단일종인데 인도와 중국 남부에는 자생지라 할만한 토양이 없는 것이다. 천산 산맥 일부와 흥한령 우랄산맥 일부가 고생대 산맥일 뿐이다.

반면 우리 나라는 제주도와 울릉도를 빼고는 모두 고생대 지층에 속한다. 차나무 자생의 북방 한계선을 북위 34도 정도로 보는 것도 근거가 없다. 일본 아오모리현(40도), 소련 그라스노빌(42도), 우라지보스톡(40도)에서도 차나무는 재배되고 있다. 북방의 차나무일수록 색향미가 남방보다 월등하다. 추위에 약한 것은 일본의 개량종 야브기타인데, 이는 야생 차나무와 근본부터 다른 것이다.

동서 교류가 시작되면서 서양의 학자들은 동양의 모든 것에 서양식 이름을 붙이고 새로 분류하는 작업을 했다. 학명(學名)이 그것이다. 차나무(tea plant)에는 1753년 데아 시넨시스(Thea sinensis)라는 학명이 붙여졌다. 스웨덴 식물학자 C.V.린네가 붙인 것으로 산차과(山茶科)의 상록활엽관목(常綠潤葉灌木)임을 뜻한다.

이후 다른 학자에 의해 카멜리아 시넨시스, 즉 동백과로 재분류되었다가 다시 산차과로 되돌려졌다. 밑둥에서 가지가 퍼져 올라와 옆으로 벌어지며 자라는데 키는 60-90cm 정도이며, 잎은 갸름하고 윤기가 있는 것이 전체적인 모양은 어린 동백나무와 비슷하다. 연평균 기온이 13℃ 이상, 강우량 1천5백mm 이상이면 비탈진 땅에서도 얼마든지 생육이 가능하고 안개가 자주 끼면 더욱 적지(適地)이다.

  우리 나라는 지리산 남향 산간지를 중심으로, 영호남 일대가 차나무 자생이나 재배에 좋은 땅이다. 이러한 전제에서 학자들은 차나무가 자랄 수 있는 북방 한계를 대개 충청남도로 보고 있다. 그러나 조선 중기 기록에는 서울 남산의 양지쪽에 차나무가 무성한데 이타방(지금의 이태원) 의 지나인(支那人)들이 소중히 여겼다는 기술도 있다. 어쨌든 중국학자들은 이러한 차나무가 양자강 상류, 즉 티베트 고원에 인접한 중국 남부 지방에서 제일 먼저 발견되었다고 주장하고 있다.

  발견(發見)은 그렇다 해도 기원(起源)에는 여러 전설(傳說)이 있다. 연대가 가장 오랜 것은 염제신농(炎帝神農)씨 발견 설이다. 다소 신비적인 예언서인 한(漢)의 위서(緯書)에 의하면 신농씨는 기원전 2,700년대 중국 삼황(三皇)의 한 분으로, 몸은 사람이나 머리는 소 또는 용의 모습이었으며, 백성에게 농업과 양잠·의약을 가르쳤고, 불의 사용법을 알려주었으며, 오현금(五絃琴)도 발명했다고 한다.

  신농씨와 관련이 있을 법 하지만 저자나 제작 연대가 확인되지 않고 원본도 없는 상태에서 전해지고 있는 신농본초경(神農本草經)에는 365종의 약물이 상·중·하 3품으로 나뉘어 기술되어 있는데, 상품 120종은 불로장생 약물로 차나무를 비롯하여 단사(丹砂:朱砂)·인삼·감초·구기자나무·사향 등을 포함하고 있고, 중품 120종은 보약으로 석고(石膏)·갈근·마황·모란·녹용 등을, 하품 125종은 치료 약으로 대황(大黃)·부자(附子)·파두(巴豆)·도라지·거머리 등 인체의 생리작용을 촉진하는 것들이 망라되어 있다. 서문에는 약의 성질과 용법 등이 정확하게 기술되어 있어 한방의 기초가 한(漢)나라 때이거나 그 이전에 완성되었음을 알려주고 있다.

전설에 의하면 신농씨는 야생의 풀을 일일이 씹어서 그렇게 자세하게 성질과 용법을 기술했는데, 하루는 독초(毒草)를 씹어 독이 온몸에 번져 죽음 직전에 이르렀다. 이때 눈앞에 나무도 풀도 아닌 가지 하나가 손짓하듯 너울거리므로 그 잎을 따 씹으니 순식간에 해독이 되고 살아날 수 있었다는 것이다. 이에 신농은 그 나무를 차(茶)나무라 이름하고, 해독(解毒)을 제일의 효능으로 전하게 되었다. 풀 초(艸)와 나무 목(木) 사이에 사람 인(人)이 있는 차(茶)라는 글자는, 이때 신농씨를 죽음에서 살려낸 데 기인하여 만들어진 것이라 전한다.

다음은 전국시대(戰國時代) 명의(名醫) 편작(扁鵲)에 얽힌 일화

중국 삼황의 한분으로 불의 사용법을 비롯 의약·농사법을 전수하였다는 염제 신농씨

이다. 편작은 여관 종업원들을 감독하며 평범하게 살던 중 장상군(長桑君)이라는 의술에 능한 도인을 만나게 되고, 그에게서 금방(禁方)의 구전(口傳)과 의서(醫書)를 물려받아 의술을 터득한 뒤, 이웃나라의 다 죽어 가는 태자를 살려내어 천하 명의가 되었다.

편작은 모두 8만4천가지 병에 대한 약방문(處方)을 알고 있었는데, 절반도 채 안되는 4만 가지 약방문 정도를 제자들에게 전수했을 때, 너무 유명한 것이 화근이 되어 경쟁자의 흉계에 의해 암살되고 말았다. 이에 제자들이 선생의 무덤 가에서 백 일을 슬퍼하니 편작의 무덤에서 한 나무가 솟아올랐다. 그것이 차나무였는데 하도 신기하여 제자들이 그 나무를 이리저리 관찰하고 연구해보니, 그 잎에 담긴 여러 성분이 신비한 효능을 보여 나머지 4만4천의 약방문을 얻게 하더라는 것이다. 차가 만병 예방의 불로초로 회자되기 시작한 것은 이들에 의해서라고 한다.

또 하나는 달마(達磨) 이야기다. 달마는 6세기 초 서역(西域)에서 당나라로 건너와 낙양(洛陽)을 중심으로 활동하였는데, 참선 중 자꾸 졸음이 오자 "눈시울이 있어 잠을 불러들인다"며 양 눈의 눈시울을 뚝 뚝 떼어내 뒤뜰에 버렸다. 이튿날 그 자리에 한 나무가 솟았는데 잎을 씹으니 금세 머리가 맑아지고 잠이 멀리 달아나더라는 것이다. 차를 수도용 음료로 삼는 것은 달마에서 시작되었다고 한다.

세 가지 기원 설의 공통점은 모두 차의 뛰어난 효능을 이야기했다는데 있다. 관련 인물이 하나같이 생몰(生沒) 연대가 확인되지 않는, 전설적인 인물이라는 점도 같다. 놀라운 것은 그들이 전하는 차의 어떤 효능도 결코 과장(誇張)이 아니었다는 사실이다. 과학화된 현대 학문에 의해 밝혀진 성분과 효능은 오히려 전설이 전하는 내용보다 더 신비성이 풍부한 것으로 발표되고 있다. 여기 힘입어 차는 더욱 지구상에 비교할 것 없는 유익한 음료의 지위를 튼튼히 하게 되었다.

세 가지 기원 설에서 신농씨 발견 설과 편작 설은 내용도 그럴 듯할뿐더러 "차는 처음에 약용(藥用)이었다가 나중에 음료가 되었다"는 주장을 훌륭하게 뒷받침한다. 차도비서(茶道祕書)에 "차는 약초라고 하지만 병을 치료하지는 못한다. 다만 예방이나 식독을 없애는 효능이 뛰어나다. 성분이 완만하기 때문인데, 그래서 매일 마셔도 부작용은 없다"고 한 것을 보아도 약용에서 음료가 된 차의 변천은 자연스러운 것임을 알 수 있다.

숙제는 달마(達磨) 설이다. 우리는 기인(奇人)·괴승(怪僧)으로 알려진 달마대사를 이야기하고 있지만 차의 기원에 관련된 달마는 인물(人物)이 아닐 수도 있기 때문이다.

달마의 또다른 해석은 인간 생활에 질서를 주는 법이랄까, 관념이다. 산스크리트어(梵語)에서의 달마(dharma)는 "자신은 그대로 있으면서 다른 모든 존재를 활동하게 하는 질서의 근거"를 나타내는 용어이다. 처음 이 용어를 번역한 지나(支那/中國의 옛이름)의 학자들은 음(音)을 따서는 달마(達磨)로 적고, 뜻은 법(法)이라고 옮겼다. 따라서 베다 시대(BC 1200년경)의 달마는 "하늘의 질서로서 나타나는 리타 브라다"와 함께 형이상학적(形而上學的)으로 이해되었었다.

브라마나시대(BC 800년경)로 넘어오면서 달마는 신적(神的) 의지로서의 리타 브라다에 비해, 보다 인간적인 쪽으로 독립하게 되었고, 이윽고 신(神)의 위에 - 인간에게는 더 가까운 곳에 - 올려졌다. 아무리 약자라도 달마를 지니면 강자를 누를 수 있게 된다는 식의 "최고 존재"인 동시에, 만물이 힘의 정도에 구애 없이 공존할 수 있는 질서의 진리가 또한 달마였던 것이다.

때문에 불과 백년 전만 해도 달마 이야기는 그 존재가 불분명한 전승 설화로 취급되었었다. 그러나 20세기 들어와 돈황(敦煌)에서 발견된 어록에서 뜻밖에도 달마의 행적 기록이 발굴되었다. 독자적인 선법(禪法)이나, 제자들과 나눈 문답 내용을 보면 그는 분명히 실존했던 인물이었다. 그가 소림사(小林寺)에 있을 때, 후일 소림의 제2조(祖)가 되는 혜가(慧可)가 찾아와 답을 구하는 대화도 그 안에서 나왔다.

혜가: 마음이 불안합니다. 제발 제 마음을 가라앉혀 주십시오.
달마: 그럼 그대의 불안한 마음을 내게 한번 보여 주게나. 그래야 가라앉혀줄 수 있지 않는가.
혜가: 어떻게 마음을 보여 드리나요. 어디에서도 발견이 안됩니다.
달마: 그러면 되었네. 나는 이미 그대의 마음을 가라앉혀 준 것이네.

불교가 번거로운 철학 체계로 기울어진 시대에 달마는, 벽이 그 무엇도 접근시키지 않듯이 본래의 청정한 자성(自性)에 눈뜨면 바로 성불(成佛)할 수 있다는 선법(禪法)을 평이한 어조로 전파한 종교 운동가였다. 우리가 자주 접하는 직지인심 현성성불(直指人心 見性成佛; 자기를 바로 봄으로서 본래 부처였음을 깨닫는 것)이 곧 당시 달마의 교의(教意)를 집약한 한마디였다.

참선(參禪)을 수행(修行)의 으뜸으로 여긴 달마가 수마(睡魔)와 싸우는 처절한 모습을 상상하는 것은 그리 어렵지 않다. 전하는 이야기대로 눈시울을 떼어 낼 수 있고, 그렇게 함으로서 몰려오는 졸음을 물리칠 수 있다면 얼마든지 떼고 또 떼어 버렸을 것이다. 그러나 과연 그럴 수 있을까? 눈시울 버린 자리에서 차나무가 솟아올랐고 그 잎을 먹으니 머리가 맑아지고 잠이 달아나더라는 대목도

기인·괴승으로 알려진 달마대사. 그러나 차에서 이야기하는 달마는 인물이 아닐수도 있다.

돌려서 생각하면 간절하기 이를 데 없는 소망일 뿐이다. 기원(起源) 보다 기원(祈願)이 맞을 지 모른다.

시기로 보아도 이 때는 차생활이 한참 번져있는 상태여서 기원(起源)이란 단어를 사용하기 어렵다. 그의 활동 시기가 6세기초라면 지나(支那)는 진(晉)에서 수(隋)로 이어지는 남북조(南北朝)로서, 분열과 병합이 거듭되며 정변과 살육이 휘몰아치던 때였다. 그 혼란 가운데 차나무가 기원했다는 것은 아무리 전설이라 해도 수긍하기 어렵다.

6세기 초 기원 설을 받아들인다면 후한 말을 배경으로 시작되는 삼국지(三國志)도 우스워진다. 수호전(水滸傳) 서유기(西遊記) 금병매(金甁梅)와 함께 중국 사대기서(四大奇書)의 하나로 꼽히는 삼국지연의(三國志演義)는 유비가 어머니께 드릴 한줌의 차(茶)를 구하러 멀고 위험한 여행을 떠나는 것으로 시작되는데, 년대를 추정해보면 달마 시대에서 적어도 3백년 이상 거슬러 올라간다.

그렇다면 차의 기원 설에 나오는 달마(達磨)는 인물이 아니라는 확신이 생긴다. 달마는 질서의 근거이자 사람들이 구하는 새 불교의 이상이었다. 그것은 참으로 절묘한 조화였다.

신농씨(神農氏)와 편작(扁鵲)의 약초(藥草)설 위에, 질서의 근거이자 새 불교의 이상(理想)인 달마 설이 첨가되면서 차는, 기원(起源)에서부터 인류사회(人類社會)에 없어서는 안될 반려(伴侶)의 자리를 훌륭히 다지게 된 것이다.

다도(茶道)는 선(禪)의 발전된 의식

 달마(達磨)를 질서의 근거(根據)로 풀이하면, 다소 막연한 다도(茶道)의 내면을 엿볼 수 있다. 다도에서 구하는 절대의 경지(境地)는 놀랍게도 "만능(萬能)이라는 이름의 허(虛)"이기 때문이다. 노자의 무위자연(無爲自然)과 같은 뜻으로 순리를 다스리는 자연, 즉 질서의 근거로 되돌아간다.
 남송(南宋)의 사상가 주자(朱子;1130-1200)는 주돈이(周敦頤) 정호(程顥) 정이(程頤) 계통의 우주론과, 명분을 중요시한 구양수(歐陽修) 계열의 춘추 역사학을 합성하여 완성한 주자학(朱子學)에서, 우주와 인간 세상의 근본원리를 도(道)라고 했다. 이 역시 맥락은 같은 것이 도(道)는 순리(順理)요 순리를 알면 허(虛)에 이르는 것이었다.
 조선이 주자를 숭상하면서 차를 멀리한 것은 아무리 생각해도 의문이 남는다. 주자의 사상이 다름 아닌 달마를 현실화한 것이기 때문이다.
 주자(朱子:朱熹)는 차의 본향(本鄕)이라는 복건성(福建省)에서 태어나 생의 대부분을 북부 지방에서 보냈다. 7세기 중국에 차를 전했다는 신라의 지장이 수행으로 성불한 구화산(九華山)에서 그리 멀지 않은 곳이다. 중원(中原)의 문화로부터 멀리 떨어진 외딴 시골(福建省·尤溪)에서 출생한 그는 14세 때 아버지를 잃은 뒤 건안(建安)의 세 선생에게 사사하며 면학에 힘쓰면서 노장(老莊)사상과 불교에 흥미를 가졌다.

19세에 과거에 급제하고 24세에 임관하여 동안현(同安縣)의 주부(主簿)로 근무할 당시 이정(二程)의 학통을 이은 이동을 만나 사사하면서 차츰 유교로 기울어지다 급기야 신유학(新儒學)의 정수(精髓)를 계시 받았는데, 이러한 배경에서 그는 자신의 이기철학(理氣哲學) 곳곳에 차의 철학을 심었다.

그의 학문 수양 법은 인간이 본래 지니고 있는 것을 회복한다는 형식을 취하고 있다. 우선 형이하학적인 기(氣)에 대해서 형이상학적인 이(理)를 세워 양자의 보완적 관계를 명확하게 한 뒤, 이 이기(理氣)에 의하여 일관되게 생성론(生成論) 존재론(存在論) 심성론(心性論) 수양론(修養論)을 완성하고 있는 것이다.

이를 위해 주자는 거경궁리(居敬窮理)를 공부의 지표로 삼도록 했다. 거경(居敬)은 마음이 정욕에 사로잡혀 망녕된 생각이나 행동을 하는 일이 없도록 하는 것이며, 궁리(窮理)는 모든 사물에 내재하는 이치를 규명하는 것, 즉 격물치지(格物致知)로, 나아가 삼라만상(森羅萬象)의 질서의 근원이 되는 하나를 이치적으로 깨닫는데 최종의 목표를 두었으니, 그것이 도(道)이자 순리(順理)이며 결국 달마와 한 뜻이 되는 것이다. 모든 불교적인 것을 멀리한 주자의 신유학(新儒學)이 차만은 받아들여 가례의 중요한 일속(一俗)으로 삼은 일이, 결코 우연한 일은 아니었던 것이다.

다도(茶道)가 선(禪)의 발전된 의식(儀式)이라는 것은 일반에게 잘 알려진 사실이다. 차가 약용(藥用)에서 우아한 놀이의 음료가 되고, 예술의 영역(領域)에 들어간 것 역시 도교(道敎)의 영향임을 부인할 수 없다.

풍속과 습관의 기원을 다루고 있는 중국 초등학교 교과서는, 손님에게 차를 대접하는 예의가 관윤(關尹:노자의 제자)에게서 비롯되었다고 가르친다. 함곡관(函谷關)에서 철인(哲人:老子)을 맞을 때면 언제나 한 잔의 불로장수약을 먼저 드렸다는 것이다.

도교의 수행자들이 먼 옛날 얼마나 차를 생활화했는지는 잘 짐작되지 않지만, 그러나 도교에서 가르치는 인생관과 예술관이 다도에서 말하는 그것과 많이 일치하는 것으로 보아, 다도로써 진리(眞理)에 접근하려했던 것만은 분명한 것 같다. 그러면 "도(道)"는 어떻게 해석 되어야 하나.

자전(字典)에 의하면 도(道)의 훈(訓)은, 길 도(路), 이치 도(理), 순할 도(順), 도 도(仁義忠孝之德義), 말할 도(言), 말미암을 도(由), 좇을 도(從), 행정구역 이름 도(行政區域) 등으로 나타난다. 행정구역 이름에 도(道)를 붙인 것은 백성을 다스리는 올바른 길을 찾으라는 암시가 담겨있다.

이규임(李揆任) 박사(政治學)는 다담(茶談)에 기고한 글에서 도(道)의 자리를 다음과 같이 명쾌하게 매김한 바 있다.

…옛 성현들은 우리가 살고 있는 사회를 움직여 나가는 무형의 위계질서(位階秩序)를 기(技) 정(政) 의(義) 덕(德) 도(道) 무위자연(無爲自然)이라 했다. 기(技)란 기술이나 지식이다. 이것만 있으면 살아가는데 어려움은 없다. 그러나 기(技)는 아무리 뛰어나다 해도 정(政)의 지배를 받는다. 정은 관리(管理), 즉 정치(政治)를 말한다. 정은 다시 의(義)의 지배를 받는다. 정치는 바르고 의로워야 한다는 뜻이다. 의(義)를 지배하는 것은 덕(德)이다. 아무리 바

다도(茶道)는 선(禪)의 발전된 의식 41

르고 의롭다 해도 덕(德)이 없으면 천운도, 민심도 따르지 않는다. 아랫사람의 잘못으로 윗사람이 물러날 때 "덕이 없어서"라고 하는 것은 그래서 나오는 말이다. 덕 위에 도(道)가 있다. 도는 질서(秩序)이자 순리(順理)이다. 모든 것을 이룸에 있어 순리를 따라야지, 억지를 부리면 안된다는 말이다. 법(法)으로 여길 수도 있다. 법을 존중하는 것 역시 순리를 따르는 것이다. 도(道)는 절대의 자리요 완전한 자리이지만 마음을 비우는 것으로 쉽게 도달하는 자리도 된다. 도에 익숙해지면 다음 단계의 무위자연(無爲自然)에 이르는 것이 인간사회 질서이다…

무위자연에 대해서는 노자의 도덕경이 설명하고 있다.

…무위(無爲)는 "도는 언제나 무위이지만 하지 않는 일이 없다(道常無爲而無不爲)"의 무위이고, 자연은 "하늘은 도를 본받고 도는 자연을 본받는다(天法道都法自然)"의 자연을 의미한다…

도덕경의 사상은 모든 거짓됨과 인위적인 것에서 벗어나는 것이다. 도교가 언어(言語)에 대해서 강한 부정을 보이는 것은 언어가 상대적 개념의 집합체라는데 있다. 좋다 나쁘다 크다 작다 높다 낮다 등의 판단은 인간들이 인위적으로 만들어낸 상대적 개념이며 이런 개념들로는 도에 이를 수도 없고, 도를 밝혀낼 수도 없다고 했다.

이는 다도에서 이야기하는 암시의 가치, 다실에서 중복을 금하는 것과 같다. 그것이 무엇인가를 말하지 않은 채 그냥 둠으로서 보는 사람으로 하여금 생각으로 완성하게 하는 것, 그것이 곧 암시의 가치인 것이다.

"우리가 인식하려고만 하면 완전은 어디든지 있다"

 위대한 걸작품들은 그것이 무엇이라고 이야기하지 않고도 관객을 끌어들여 매혹시키고, 나아가 관객을 그 작품의 부분이 되게 한다. 예술가의 언어는 작품이어야 하는 것이지 해설이나 평론이 되어서는 안 되는 것이다.
 다도가 "불완전"을 숭배하는 종교(?)로 발전하고 비교를 금기로 삼는 것도 모두 도교의 가르침에서 비롯된다.
 일본인으로 미국 보스톤박물관의 동양학부장을 지낸 오가꾸라 덴싱(岡倉天心)은 1900년에 발표한 "차의 책(The Book of Tea)"에서 그 부분을 다음과 같이 묘사하고 있다.

 …다실에는 중복이 있어서는 안된다. 장식을 위한 대상물은 빛깔이나 의장에서 비교되지 않도록 선택되어야 한다. 살아있는 꽃이 있다면 그림의 꽃은 허용되지 않는다. 탕관이 둥글다면 물주전자는 모난 것이어야 한다. 향로나 꽃병을 도꼬노마(床の間:聖壇)에 놓는데 있어서도 공간을 2등분하면 안되니까 한복판에 놓지 말아야 한다. 실내가 단조롭다는 느낌을 주지 않게 하기 위해 도꼬노마의 기둥은 다른 종류의 나무를 써야한다. 서양식 응접실에는 소용없는 중복이 많다. 옆에서 혹은 맞은 편에서 낯선 전신상(全身像)이 뚫어지게 보고있는 가운데 누군가와 이야기를 나눈다는 것은 견디기 어려운 일이다. 조각이나 그림의 인물과 살아있는 인물 중 어느 쪽이 진짜인지, 때론 말없는 쪽이 진짜로 보이기도 한다. 나는 성찬(盛饌)의 식탁에 앉았음에도 벽에 걸린 물고기나 과일의 정교한 그림 때문에 남몰래 소화장애를 일으킨 적이 여러 번 있었다. 이런

마음의 교란이 무엇 때문에 필요한 것일까. 다실은 이런 비속적(卑俗的)인 중복의 두려움에서 벗어나 모든 것을 포용할 수 있는 빈(虛)자리이어야 한다…

"암시의 공간"이란 도교에서 말하는 무(無), 즉 빈 공간(虛)이다. 현혹(眩惑)이 아니다. 조금만 생각하면 누구라도, 정말로 필요한 것은 허(虛)에 있음을 알 수 있다.

…방의 본질은, 빈 공간이지 벽이나 지붕이 아니다. 주전자의 효용성은 물을 담을 수 있는 공간이지 모양이나 만듦새에 있는 것이 아니다. 허는 모든 것을 포함하기에 만능이며, 허 안에서는 어떤 운동도 가능하다. 자기를 허하게 하여 다른 사람을 자유롭게 들어오게 한다면 그는 지배자일 수 있다. 전체는 언제나 부분을 능가하기 때문이다…

다도(茶道)가 마음을 비우는 작업이기에 차(茶)와 선(禪)과 자연(自然)과 허(虛)는 같은 의미로 우리에게 다가온다. 곧 모든 질서의 근원인 달마(dharma)이며, 최종 깨달음의 단계인 도(道)이고 순리(順理)가 된다. 그리고 이는 생각하는 생활을 통하여 "불완전한 삶을 사랑하게 하는 가르침"으로 숨쉬게 된다.

…차는 음미하는 음료이다. 사람을 고요하게 만들고 사색(思索)의 숲으로 인도하는 마력이 있다… 임어당의 말이다.

사색(思索), 즉 사유(思惟)는 도(道)의 세계로 진입하는 통로이다. 차는 사유의 반려이므로 지성인의 벗이 되는 것이다. 다도(茶

道)는 존재(存在)에서 제공되는 것이 아니라 성품(性品)에서 출발한다. 어쩌면 그것은 기 잠재되어 있는 회귀성(回歸性)에 의해 무위(無爲)에 합일하려는 자연스런 심성의 발현(發顯)같은 것인지도 모른다. 무엇인가 깨닫기를 희망하는 사람의 수단이거나 보다 아름다워지려는 소망을 담고있기 때문이다.

오가꾸라 덴싱의 "차의 책"을 더 음미해 보자.

…종교에서는 미래가 배후에 있다고 하지만, 예술에서는 현재가 곧 영원이다. 참다운 예술 감상은 오직 그 예술로부터 살아있는 힘을 만들어내는 사람에게만 가능하다. 다인(茶人)은 다실(茶室)에서 얻은 높고 순화된 규범으로 일상생활을 조절하고, 어떤 상황에서든 마음의 평정을 유지하며, 대화는 주위와 조화를 이루며 진행하여야 한다. 옷의 모양과 빛깔, 바른 자세와 행동, 심지어 걸음걸이까지도 인품을 나타내는 것이어야 한다. 스스로 아름답지 않으면 아름다움에 접근할 수 없기 때문이다. 다인은 그렇게 스스로 가꾸고 다듬으며 예술가 이상의 것, 아니 예술 자체가 되어야 한다. 완전은 어디에도 없지만 노력 속에는 있다. 결국 다도가 지향하는 심미주의(審美主義)의 선(禪)이란, 늘 부족하기 만한 인생에서 그 부족한 것을 사랑하고, 나아가 그 안에서 아름다움을 찾아내는 노력과 같은 것이다….

다도로 정리하고 있지만 사실 이것은 새로울 것 없는, 동양사상의 핵심이다. 그렇다면 다도는 특정 국가나 민족의 것이 아닌 동양의 것이 된다. 형식이나 과정에 차이는 있겠으나 "시작과 나중"에 있어서는, 아름다움의 추구와 함께 "마음에 빈 공간(虛)을 가지려

다도(茶道)는 선(禪)의 발전된 의식 45

는 사람이 택하는 최선의 수단"이 곧 다도이기 때문이다. 이쯤에서 고려 충렬왕 때 산중재상으로 불리던 원감국사의 노래 한줄을 음미해 보는 것은 의미가 클 것이다.

…차마시는 것도 선(禪)이니 선에 있어 격식은 초월하는 법…

그는 계절에 구애없이 경치가 아름다울 때면 서둘러 물을 끓이고 친구를 불러모았다고 하는데, 풍류(風流)로 나타나는 우리 다도가 이웃나라의 그것과 어떤 차이가 있는지를 가늠케하는 정겨운 구절이 아닐 수 없다.

가야·신라인의 차생활과 토산차

 차를 중심으로 역사를 다시 정리해 보는 것은 매우 흥미롭다. 우리가 알고 있는 것과 많은 부분 다르게 전개되기 때문이다. 문명의 발상지를 바이칼호(湖) 주변으로 보는 사관(史觀)에서라면 민족의 위상은 더욱 힘차고 멋지게 정리된다.
 원시나 상고시대, 집단을 이루며 사는 정주민(定住民)에게 가장 중요한 것은 무엇이었을까. 두 말 할 것 없이 그것은 물이며, 따라서 가장 강한 민족이 좋은 물 있는 땅을 차지하게 된다. 이 가설을 토대로 한다면 한반도를 택한 민족은 결코 약한 민족이 아니다. 동아시아에서 가장 좋은 물이 철철 넘치는 땅이 한반도이기 때문이다. 신라(新羅)의 뿌리가 유라시아 대륙에 있다는 설도 가볍게 여길 일은 아니다.
 그리고 차는 좋은 물을 더욱 고급스럽게 마시는 수단이다. 멋을 아는 민족만이 택할 수 있는 지혜의 산물이다. 복잡하게 생각할 것 없다. 이 두 가지 추정만으로도 한민족의 위상은 금세 당당해질 수 있다.

그러면 한반도에 차나무는 어느 때 생겨났고 차생활은 언제 시작되었을까. 사학계의 인정 여부를 떠나 우리 차 이야기는 가락국(駕洛國)과 함께 시작한다. 이능화(李能和/1869-1943)는 조선불교통사에 다음과 같은 귀한 기록을 남겼다.

…김해 백월산(白月山)에 죽로차가 있다. 세상에서는 수로왕비 허씨가 인도에서 종자를 가져온 것이라고 한다. 장백산(長白山)에도 차가 있는데 백산차(白山茶)라 한다…

인도에서 차나무가 전래했다는 설은 긍정할 수밖에 없다. 김수로왕(金首露王)과 허황옥(許黃玉)이 엄연한 실존 인물이기 때문이다. 삼국유사 가락국기에 적힌 그대로를 사실로 받아들이면 수로왕은 하늘에서 내려와, 하늘의 뜻대로 지상을 다스린 첫 군왕(君王)이다. 그리고 허황옥은 아유타국(阿踰陀國)의 공주였는데 꿈의 계시로 수로왕에게 시집왔다. 허 공주는 서기 48년 음력 5월, 리만 해류를 타고 고국을 떠나 7월 27일 김해 별진포에 상륙하였다. 수행원 20여 명과 함께 타고 온 그녀의 배에는 비단·금·은 패물이 가득했는데 그 속에 차나무 씨도 있었다.

차나무는 심은 자리에서만 살도록 천명(天命)을 받은 나무이다. 허황옥이 차나무 씨를 가져온 것은 "나는 이제 가락국 사람"이란 뜻을 담고있는 것이었다. 수로왕은 이 차씨를 김해에 심도록 했다. 여자가 시집갈 때 차나무 씨를 가져가 뒤뜰에 심는 봉차풍습은 이로부터 생겨났다.

허 공주가 꿈의 계시에 따라 가락국 김수로왕에게 시집와서 생애를 마쳤다는 것은 가락국기(駕洛國記) 외에 유사(遺事)의 금관성 비사석탑, 김해시 구산동에 있는 수로왕비릉(陵), 그리고 김해 허씨

후손에 의해서 엄연히 고증된다. 또 수로왕릉 중수 기념비의 머리에 새겨진 여덟 마리 뱀 무늬는 태양 왕조를 상징하는 아유타국의 깃발 문양과 같고, 마주보는 신어상(神魚像), 두 개의 활무늬 역시 아유타의 것과 같다.

이 때에 차가 있었다는 사실은 수로왕의 뒤를 이어 즉위한 거등왕이 즉위 년인 199년 제정한 세시풍속(歲時風俗)에 떡·밥·차·과일 등을 갖추어 다례(茶禮)를 지내도록 한 것에서 확인할 수 있다. 신라 김유신은 수로왕의 12대 손이 된다. 문무왕에게는 김수로왕가가 외가 쪽 조상이다. 이렇게 혈통이 이어진 관계로 김수로왕은, 가락국이 신라에 병합된 뒤에도 오랫동안 가야의 시조(始)로 봉사(奉祀)되었고 다례 풍습도 이어졌다. 이는 대렴(大廉)이 당나라에서 차씨를 가져오기 3백 년 내지 6백년 전 이야기이다.

차문화의 학문적 연구에 반생을 바친 김명배(金明培·숭의여전)교수는 허황옥과 죽로차의 전설을 쫓던 중 비밀스런 역사에 접근했다.

허 왕후는 모두 10남 2녀를 낳았는데 태자는 거등왕이 되었고 거칠군이라는 왕자는 진례성주(進禮城主)가 되었다. 그리고 일곱 명의 왕자는 외숙인 장유화상(長遊和尙)과 함께 지리산에 들어가 성불(成佛)했다. 지금의 칠불사(七佛寺)는 약 1800년전 이들 일곱 왕자 성불을 기려 창건되었다. 그리고 두 공주 중 한 명은 신라 탈해왕의 태자비가 되었다.

기록은 그것뿐이다. 9남 1녀는 상세히 전하고 있는데 한 명의 왕자와 한 명의 공주 행방은 없는 것이다. 김교수는 이들 남매의 흔적을 "김씨왕세계"에서 찾아냈다.

…거등왕 즉위 년에 왕자 선견(仙見:神功)은 신녀(神女)를 따라

구름을 타고 떠났다. 거등왕이 도읍의 언덕 돌 섬에 올라 선견을 불렀지만 돌아오지 않았다

거등왕 즉위 년은 서기 199년이다. 신녀를 공주로 본다면 진수(陳壽)의 삼국지(三國志)나 왜인전(倭人傳)에 들어있는 일본 고대 국가 야마도(邪馬臺)의 히미꼬(卑彌呼) 여왕과 그의 남동생 이야기와 맞아떨어진다. 왜인전 기록을 보자.

…모두 함께 한 여자를 내세워 왕으로 삼았는데 이름을 히미꼬라 하였다. 귀신의 도를 섬겨 능히 무리를 감동시켰다. 나이가 찼지만 남편이 없었는데 후에 남동생이 나타나 나라 다스리는 일을 도왔다….

여왕은 183년에 옹립되어 247년 붕어 하였다 했다. 왕이 된 후 신녀(神女)로 불렸을 그녀가 199년, 고국에 들러 국사를 보필할 남동생을 데리고 갔을 것이라는 추측이 가능한 것이다.

이 가설은 일본 사학계도 부정하지 않는다. 저명한 사학자 이노우에(井上光貞)는 저서 "일본 국가의 기원(日本國家の起源)"에서, 히미꼬는 한반도와 관계 있는 여성으로 보인다고 했고, 진구우(神功) 역시 한반도에서 왔다고 기술하고 있다. 여왕의 위폐를 모신 묘오겐궁(妙見宮)에서 볼 수 있는 신어상(神魚像)이 김해 수로왕릉의 것과 같은 이유는 이 때문이다.

히미꼬 여왕이 김수로왕의 딸이라면 차나무도 이때 전파되었을 것이다. 그렇다면 "히미꼬 여왕시대부터 차나무가 있었다"는 일본 고고학계의 주장이 맞는 것이 된다. 히미꼬 이야기는 뒤에 소개될 김성호(金聖昊) 씨의 "비류백제(沸流百濟)와 일본의 국가기원(國家

起源)"에서 더 발전된다. 가야의 유민 중 신라 사에 이름을 남긴 사람은 김유신 외에 우륵(于勒)·강수(强首) 정도였다. 또 가야가 쇠퇴하여 신라에 완전 합병된 시기는 6세기 중엽이었다.

신라인의 차생활을 엿보는 데는 충담(忠談)선사 이야기가 으뜸이다. 그것은 찬기파랑가로 시작된다. 경덕왕 시절 국선 화랑 중 기파랑(耆婆郎)이 있어 백성의 존경을 한 몸에 받았다. 성품이 고결하고 넉넉하여 감히 비교할 사람이 없었다. 충담은 그를 찬(讚)하는 노래를 지었다.

헤치고 나타난 달
흰 구름 따라 흐르니
새파란 시내에
기파랑 모습 잠기네
일오천(逸烏川) 조약돌에서
랑(郎)의 지니신 마음 읽으니
아아, 드높은 잣나무 가지
서리 모를 씩씩함이여

충담이 지은 찬기파랑가(歌)는 장안의 유행가가 되었다. 임금도 신하도 뭇백성도 즐겨 불렀다.

경덕왕 치세 20년이 되었을 때, 오악(五岳) 삼산신(三山神)이 궁전 뜰에 불쑥 현신 하는 등 나라 안팎에 불길한 징후가 연이어 일어났다. 23년(765년) 봄 경덕왕은 착잡한 마음으로 경주 귀정문(歸正門)에 올랐다. 신하를 대동하고 문루에 올라 괴변을 막고 나라를 잘 다스릴 방법을 골똘히 생각했다.

답이 안 나오자 경덕왕은 훌륭한 스님을 한 분 모셔오라고 했다. 이에 신하들이 장안 최고 원로스님을 모셔오니, 왕은 몇 마디 나누지 않고 이 분은 내가 찾는 스님이 아니라며 돌려보냈다.

문루 끝에서 남산을 바라보던 경덕왕 눈에 멀리 걸어오는 한 스님이 보였다. 낡은 납의(衲衣)에다 등에는 걸망을 짊어졌지만 기품이 있었다. 왕은 스님을 루상(樓上)으로 모시도록 했다.

"스님은 누구 신가요?"

경덕왕이 묻자 스님은 충담이라고 자신을 밝혔다.

"기파랑가를 지으신 스님입니까?"

경덕왕은 크게 기뻐하며 예를 갖추고 다시 물었다.

"어디에서 오시는 길입니까"

"남산 삼화령에서 오는 길입니다. 소승은 삼월 삼짇날과 구월 구일이 되면 언제나 삼화령 미륵세존께 차 공양을 드렸습니다. 오늘이 삼월 삼짇날이어서 다녀오는 길입니다"

"그 차를 나에게도 나누어 줄 수 있습니까?"

"원하시면 그렇게 하겠습니다"

스님은 등에 진 걸망을 풀었다. 걸망 속에는 차와 다구가 있었다. 정성껏 차를 달여 경덕왕께 드리니 왕은 그 맛의 훌륭함과 기이한 향기를 극찬했다. 충담은 주위 신하에게도 고루 차를 나누었다. 뜻밖의 다회가 벌어진 것이다. 경덕왕은 말했다.

"스님이 지으신 사뇌가(詞腦歌:찬기파랑가)는 그 뜻이 매우 고상하여 온 백성이 즐겨 부르고 있습니다. 나라를 위하여 안민가(安民歌)도 하나 지어주십시오"

그러자 스님은 즉석에서 안민가를 지어 올렸다.

임금(君)은 아버지요, 신(臣)은 인자한 어머니
백성은 어리석은 아이 같으니
아이가 어찌 부모의 크신 은혜 다 알리요.
꾸물거리며 사는 중생 먹여 살리시는
그 은혜로 나라가 유지되네
왕이 왕다웁고 신이 신다웁고 백성이 백성답게 할 지면
나라는 태평하리라

경덕왕은 크게 기뻐하며 충담을 왕사(王師)로 봉하고자 하였다. 그러나 충담은 거듭 사양하며 끝내 받지 않았다.
이는 대렴이 당(唐)에서 차 종자를 가져오기 63년전 일이다. 문운의 황금시대였던 경덕왕 시절 이미 차가 불공에 쓰이고 궁정에서 예폐물로 다루었음을 알게 하는 일화이다. 이는 다시 삼국사기 신라본기 흥덕왕 조에 적힌 내용을 훌륭하게 뒷받침한다.

…흥덕왕 3년(828년) 당(唐) 사신 대렴(大廉)이 차 종자(種子)를 가지고 왔다. 왕은 그것을 지리산에 심게 했다. 차는 선덕왕 때부터 있는 것인데 이때에 와서 아주 성해졌다…

여기서도 분명한 것은 중국으로부터 차 종자가 들어오기 이전 우리에게 차가 있었다는 사실이다. 귀족문화였을지는 몰라도 이미 차가 있었기에 중국을 다녀오는 사신도 다른 차를 가져올 수 있었던 것이다. 이 기록을 근거로 흥덕왕 3년에 "중국 차나무 종자"가 전래되었다고 하는 것은 얼마든지 좋다. 그러나 한국의 차생활 역사가 이때, 즉 828년에 시작되었다는 따위 주장은 이제금 사라져야 한다.

신라인들이 즐겨 마신 차를 유사(遺事)에서는 전차(煎茶)라 전한다. 그러나 이규보의 남행월일록(南行月日錄)에는 점차(點茶)로 적혀있다. 전차란 잎을 우려 마시는 엽차(葉茶)요, 점차는 잎을 연에 갈아 가루로 만든 뒤 뜨거운 물에 풀어 마시는 말차(抹茶)를 일컫는데 사료를 살펴보면 두 가지 형식이 함께 있었던 것으로 보인다. 다만 엽차보다 말차 음다법이 더 성행하였던 것 같다. 당시 분위기는 신라말기 국사를 지낸 고승 혜소(慧昭774-850)의 비문에서 엿볼 수 있다.

…누가 한명(漢茗/茶의 異名)을 보내오면 그(眞鑑國師)는 그것을 돌로 만든 가마에 넣고 나무를 때서 삶았다. 가루로 만들지 않고 달였다. 그리고 말하기를 "나는 이것이 무슨 맛인지 모른다. 그저 배가 느긋할 뿐이다"라고 했다. 국사(國師)가 정진(正眞)을 지켜 세속(世俗)을 미워함이 다 이와 같았다…

혜소, 즉 진감국사 비문을 쓴 이는 고운(孤雲) 최치원이다. 그는 이 비문에서 신라말기 팽배한 사대주의를 비판하고 있다. 당시 일반에 널리 음용된 것은 말차였는데, 누가 중국차를 보내오면 일부러 가루 내지 않고 우려 마셨다는 이야기인 것이다.

신라인의 차생활은 원효(元曉617-686)를 통해서도 엿볼 수 있다. 그가 인적 드문 변산의 한 산마루 외딴 암자에서 선(禪)에 정진할 때의 일이다. 시중들던 사포가 차를 달여 드리고자 하였으나 물이 없었다. 간절히 물을 원하니 홀연 바위틈에서 젖과 같이 달콤한 물이 솟아나기 시작했다. 이 물로 사포는 원효께 차를 달여 드릴 수 있었다. 후일 이곳을 찾은 고려의 시인 이규보는 다음과 같은 시를 남겼다.

좁고 험한 산길 지나 백 길은 됨직한 산 위
일찍이 지어진 효성(曉聖)의 암자
신령스런 자취는 어디 있는가. 영정만 종이 폭에 남았구나
다천(茶泉)에 고인 옥빛 샘물 마셔보니 천하일품
예전에는 물 없어 불승(佛僧) 머무르기 어려웠다는데
원효대사 머물 때 솟아난 샘이라네
우리 스님 높은 뜻 이어받고자 누더기 걸치고 이곳에 들어
시중드는 자 없이 홀로 앉아 세월 보내네
문득이라도 소성(小性/원효의 이명) 올라오시면
얼른 일어나 허리 굽혀 절할 것이로세

29세에 출가한 원효는 34세 때에 의상(義湘)과 함께 불법을 닦고자 당나라로 향했다. 요동(遼東)을 지나던 중 공동묘지에서 하룻밤을 지내는데 잠결에 목이 말라 물을 한 그릇 마셨다. 이튿날 깨어보니 그 물은 해골 속의 더러운 물이었다. 안간힘을 다해 토해내려고 하던 중 원효는 깨달음을 얻었다.

"마음이 살아야 모든 사물과 법이 생기를 얻는다. 마음이 죽으면 해골이나 다름없구나(心生則種種法生 心滅則堵 不二). 삼계(三界)가 마음에서 지어진다 하신 것을 어찌 잊었더란 말이냐(一切唯心造)"

깨달은 원효는 발길을 돌려 경주로 돌아와 분황사(芬皇寺)에서 불경연구에 몰두하는 한편 좌선입정(坐禪入定)하여 계율을 철저히 지키는 수도생활을 계속했다. 그는 당시의 불교가 형식에 치우쳤던 것에 과감히 맞서 불교의 대중화를 시도했는데 그 일련의 과정이 차생활을 통해 다져졌음은 굳이 설명할 필요 없을 것이다.

내성적이면서 동시에 호탕한 일면을 가지고 있던 원효는 어느 날 이런 노래를 지었다.

…도끼에 자루를 끼게 할 자는 없는가. 내가 하늘 받칠 기둥을 깎아야겠구나…

사람들은 그 노래가 무슨 뜻인지 몰랐다. 원효는 아무 소리도 덧붙이지 않았다. 그런데 이를 전해들은 무열왕(武烈王)은 "대사가 부인을 얻어 현자(賢者)를 낳고자 하는 것이다"고 해석하며 홀로 있는 요석공주를 생각했다. 원효는 무열왕 주선으로 요석 공주를 만났다. 춘원 이광수는 소설 "원효대사"에서 원효와 요석이 만나는 대목을 다음과 같이 묘사하고 있다.

…원효는 시녀가 이끄는 대로 여러 복도를 지나 한 방으로 들어갔다. 거기엔 쌍학을 수놓은 이불과 쌍봉, 쌍란, 쌍원앙을 수놓은 긴 베개가 있고 요석공주가 혼자 촛불 밑에 앉아 있었다. 원효는 방에 들어가 우두커니 서 있었다.
공주는 원효를 보자 일어나 읍했다. 백작약 일곱 송이를 꽂아놓은 것을 보고 원효는 이 만남의 뜻이 무엇인지 알았다. 공주는 스스로 구리 선녀를 자처하고 원효를 선인에 비겨 세세생생에 부부 되기를 청하는 것이었다. 두 사람은 한참 동안 말없이 서 있었다. 촛불이 춤을 추고 창밖에서는 벌레 소리가 울려왔다. 공주가 말했다.
"앉으시오. 오늘은 법사로 여쭌 것이 아니요, 백의로 오시게 하였습니다. 이 몸의 십년 소원을 이뤄 주십시오"
하며 공주는 눈물을 떨구었다.
십 년 먹은 마음이라 해도 입을 열어 말하기는 힘들기도 하려니와 무섭기도 하였다. 원효는 제 몸에 걸친 것이 중 의복이 아니요 속인의 옷임을 다시 보고 공주가 권하는 자리에 앉았다. 공주도 한 무릎 세우고 앉았다. 공주는 다로(茶爐)에 끓는 다부(茶釜)에서 대극으로 물을 떠 차를 만들어 원효에게 권하고 다시 입을 열었다.

"새벽 쇠북 스무 여덟 소리가 다 끝나도록 원효사마께서 아니 오시면 이 칼로 이 몸의 목숨을 끊기로 마음먹고 있었오"

하고 공주는 금장식한 몸칼을 몸에서 꺼냈다. 고구려 도장이 만든 칼이었다…

이들의 시대는 대충 서기 655년 전후이다. 이때 요석 공주가 원효에게 만들어 대접한 것은 의심의 여지없는 점다(點茶), 즉 말차이다. 삼국사기 흥덕왕 조에 대렴을 논하면서 차는 선덕왕(632~647) 때부터 있어왔다고 한 대목은 여기서도 뒷받침되는 것이다. 원효는 요석 공주와 사이에서 설총을 얻었다.

신라 다인으로 빼놓을 수 없는 또 한 분은 고운(孤雲) 최치원(崔致遠857~)이다. 어린 나이에 당나라에 건너 가 천재적인 문장으로 온 중화국(中華國)을 뒤흔들었던 고운은, 귀국 후 나라가 어지러워지자 부귀영화를 한낱 뜬구름처럼 여기고 지팡이를 벗삼아 방랑하며 곳곳에 많은 일화를 남겼다.

그는 중국에 있을 당시 인편이 있을 때마다 고향의 어머니께 차를 보내드리곤 했는데 어쩌다 인편이 없어 차를 보내드리지 못할 때 마음 조렸던 일을 그의 시문집(詩文集·桂苑筆耕)에 간간 적어 놓았다.

신라 통일 전후의 차는 불전 공양과 승려의 수도용으로 사찰 안에 없어서는 안 될 필수품이었다. 특히 수도자에게 있어 차는 잠을

쫓아주고 소화를 돕고, 정신을 맑게 하는 효능으로 좌선(坐禪)의 유적현묘(幽寂玄妙)함을 도와주어 선승(禪僧)의 아낌을 받았다.

사람들은 막연하게 차가 불교 전래와 함께 들어와 성행하였다고 하지만, 차와 불교는 각각 존재하다 신라통일 무렵에 만남이 이루어진 것인지도 모른다. 흥덕왕 때 차 종자를 가져온 견당사(見唐使) 대렴도 승려는 아니었다. 또 이를 지리산에 심게 한 이도 흥덕왕이지 불교의 지도자는 아니었다. 더구나 차는 이미 있었는데 이 때에 더욱 성행하게 되었다고 했다. 화랑이 차생활로 심신을 수련하였으며 이것이 발전하여 후일 삼국을 통일하는데 크게 기여하였다고 했다. 그렇다면 차는 불교와 관계없이 번진 것이다. 어쨌든 신라인들이 차를 마시는 데 있어 어떤 통일된 형식이나 예법을 가졌다는 기록도 없다. 다만 차는 군자의 기질과 덕을 지니고 있어, 맑고 곧은 예지와 함께 관용의 미덕을 기르는 것이라고 하였고, 그래서 맑은 인격과 고매한 학덕과 예(藝)를 고루 갖춘 지성을 "다인(茶人)"이라 하는 풍습이 있었다고 한다. 그리고 그 부름이 선비에게 가장 이상적인 관칭대명사로 인식되어 명정(銘旌)에 기록되는 것을 최상의 영예로 여기는 풍습이 신라시대에 있었던 것이다.

간과할 수 없는 것은 같은 시대 고구려·백제의 차생활 기록이 없다는 사실이다. 고구려는 북쪽에 위치하여 차의 재배 생산이 어려웠다 치더라도 호남의 따뜻한 지방을 영토로 했던 백제에 차 마시는 습속이 없었다고 볼 수는 없다. 지리산을 중심으로 볼 때도 신라 쪽인 영남보다 백제 영역이었던 호남의 기후나 토양이 차나무 재배에 더 적합하고, 따라서 차 산출 역시 몇십 배나 많을 수 있다는 가정(假定)에서 백제인의 차생활 진위는 몹시 궁금해진다.

그렇다면 이쯤에서 김성호(金聖昊) 씨의 "비류백제(沸流百濟)와 일본(日本)의 국가기원(國家起源)"을 인용해 볼 필요가 있다. 백제의 역사가 명확하게 정리되지 않는데 짙은 의문을 품었던 그는 15년간에 걸친 집요한 답사와 연구를 거쳐 백제는 하나가 아닌, 2개의 국가였음을 밝히고 있다.

　…우리 역사 연구가 일본인들에게 강점되었던 시대에 일본사학자들은 근 3~4백 년간에 걸친 "삼국사기"의 초기 기록을 불신했고, 이러한 풍조는 우리 사학자들에게 고스란히 계승되어 왔다. 지금까지 우리가 배워 온 국사는 바로 이러한 불신론이 전제된 역사였다…〈중략〉…백제의 시조였던 온조측의 기록(삼국사기 백제본기)을 보면 온조의 형이던 비류는 미추홀에서 자살했다고 한다. 그런데 여기에 삽입되어 있는 이설의 단편 기록에는, 비류도 시조가 되어 "동이강국(東夷强國)"을 세운 것으로 되어 있다. 더욱이 온조측의 초기 기록은, 자기의 도읍지가 경기(京畿) 광주(廣州)임에도 불구하고, 건국 초부터 3백리 이상이나 떨어져 있는 충남(忠南) 공주(公州)의 기사가 함께 나타남에 의심을 품고, 공주 쪽의 기록을 분리해 본 결과, 역시 비류는 자살한 것이 아니라 미추홀(지금의 아산 인주면)에서 40여 km가량 떨어진 공주로 옮겨가서 별개의 나라를 세웠음이 밝혀졌다. 이것이 바로 古代三國(신라·고구려·백제)과 구별되어야 할 또 하나의 국가로서, 고대 초기 "백제"는 하나가 아니라 두 개였다…

　이어 그는, 이러한 백제 초기 기록의 복원 결과는 광개토대왕 비문에서도 확인됨을 설명한 뒤 이 나라가 멸망한 이야기까지 적고 있다.

…공주를 근거지로 크게 번성했던 국가 비류백제(沸流百濟)는 경기만을 남하해 내려온 광개토왕 수군(海軍)의 공격을 받고 396년 멸망하였다.

　BC 18년에 건국된 비류백제는 광개토왕에게 토멸된 AD396년까지 413년간 존속한 고대 초기 왕국이었다. 한·중·일 3국 문헌에서 공주 쪽의 백제 관계 기록을 연대순으로 정리하면, 4백년에 걸친 역사의 맥락이 정연하게 재구성된다.

　중국 송서와 양서 "백제전(百濟傳)"에 이르기를 "백제는 막강한 수군력을 바탕으로 점점 강하고 커져서 여러 나라를 병합하였다. 백제는 요동의 동쪽을 모두 차지해 백제군이라 이름했다"하였다.

　우리 사학계 일부에서도 백제 영역은 중국 동부 황하 문명의 심장부까지라고 하면서 요수 아래 하북성, 하남성 전체가 백제군이었다는 주장이 차츰 고개를 들고 있다. (진위는 언젠가 가려질 것이다)

　막강한 수군으로 황해(黃海:西海) 연변의 백가제해(百家濟海)를 이룩했던 강인한 나라는 비류(沸流)의 백제였다. 때문에 광개토대왕은 수군(水軍)을 앞세워 비류를 먼저 굴복시켰다. 이 나라(沸流百濟) 이야기가 지금까지 망각되어 온 데에는 역사가 기묘하게 덮였다. 즉 비류백제가 멸망하고 80년이 지나서 온조백제도 고구려의 침공을 받아 공주로 남천(南遷)했다. 이후 온조백제는 비류의 옛도읍(舊都)이던 공주를 마치 처음부터 자기의 영토인 것처럼 역사를 개서(改書)하였다. 이로 인해 비류계의 역사가 말살되었던 것이다. 앞에서 언급했듯 온조측의 기록이 건국 초부터 광주와 공주로 2중화된 것도 바로 비류계의 역사가 온조측에 흡수되었기 때문이다. 지금까지 사학계에서 백제 초기 기록을 올바로 해석하지 못했던 것도 실은 이러한 초기 기록의 지역적 이중성이 파악되지 못했기 때문이라고 말할 수 있다…

 이어 김성호 씨는 비류백제의 멸망이 일본의 국가기원(國家起源)으로 이어졌음을 밝히고 있다.
 …일본 천황 국가의 기원은 비류백제의 멸망에서 밝혀진다. 396년 광개토왕이 비류백제를 토멸했을 때, 공주성을 탈출한 비류계의 왕족 일단은 일본열도로 쫓겨가서 망명정권을 세웠다. 이것이 지금까지 신비의 베일에 싸여있는 천황 국가의 탄생이다…

삼세기 중엽의 남한지역 정치정세

천황 국가 일본의 제1대 천황은 신무(神武)이다. 이때 무엇을 뜻하는지 모르는 "즉위전사 7년(卽位前史 七年)이란 글과 함께 자주 겹치는 이름이 있는데 응신(應神)이다. 응신은 390년에 즉위한 비류백제 마지막 왕이었다.

…일본 사학에서 "가장 확실한 최고(最古)의 천황"은 응신천황(應神天皇)으로 즉위 원년은 390년이다. 응신과 동일 인물로 지목되어 온 제1대 신무천황(神武天皇)의 "즉위전사 7년(卽位前史 七年)"을 더하면, 비류백제가 멸망한 다음 해(397년)가 된다. 이러한 사실은 응신이 처음부터 일본의 천황이었던 것이 아니라, 비류백제의 마지막(15대) 왕으로서 390년 즉위한 후, 396년에 광개토왕의 공격을 받고 일본으로 망명하여, 그 다음 해인 397년, 즉 즉위 7년째에 최초의 일본 천황이 되었음을 뜻한다.

일본의 많은 사학자들은 제1대 신무(神武)와, 제15대 응신(應神)이 동일인물일 것으로 여겨 오면서도 신무의 "즉위전사 7년"이 무엇을 뜻하는지는 알지 못해 왔다. 이 "전사 7년(前史 7年)"이야말로 응신(神武)이 비류백제의 마지막 왕으로 즉위해서부터 일본 최초의 천황이 되기까지 7년에 해당한다. 이는 삼국사기와 일본서기 양쪽에서 명백히 증명된다. 응신 조(朝)는 한민족(비류백제)의 망명정권이었기 때문에 응신 이후의 천황 성(性)은 비류계 왕성(王性)인 진(眞)씨로 되었던 것이며, 이 이후의 후기 고분으로부터는 전기에 없었던 백제계의 마제(馬制) 유물이 대량 출토되었던 것이다. 한반도의 변진(弁辰)민족이 일본열도를 정복하여 천황가(天皇家)를 세웠다는 소위 "기마민족 정복설"도 이 전기와 후기 고분에서 출토되는 유물이 급격하게 돌변하는 데에 근거한 것이었다…

김성호 씨는 또, 비류백제가 망명정부를 세우기 훨씬 이전인 서기 100년 경 기다큐슈(北九州)에 야마도(邪馬臺國)를 개설한 숭신(崇神) 역시 비류백제 왕실의 종친이었다고 하면서, 일본서기에 야마도를 "담로(淡路)"라 칭했는 데, 이는 비류백제의 군·현(君·縣)을 가리키던 담로(擔魯)와 일치한다고 하였다. 다시 정리하면 비류백제가 일본에 처음 진출한 것은 서기 100년 전후였고, 왕실의 자제 종친으로 "담로주"를 임명했는데 첫 담로주가 숭신(崇神)이었다는 것이며, 이로부터 296년이 지난 뒤 광개토왕에게 밀린 비류백제 마지막 왕 응신(應神)이 이를 근거로 이곳에 망명정부를 세우게 되었다는 것이다. 처음에는 물론 전력을 가다듬어 실지를 회복하려는 꿈을 가졌으나 차차 뒤로 미루게 되었고, 이윽고 일본 천황가의 개조(開祖) 즉 신무(神武) 1세로서 다시 출발했던 것이다.

　이와 같은 김성호 씨의 주장과, 가락국 김수로왕의 딸이 일본으로 건너가 여왕이 되었다는 김명배 교수의 주장은 서기 180년 전후 히미꼬(卑彌呼)에 이르러 엇갈리는 부분이 생긴다. 김성호 씨의 글을 보자.

　…비류백제 세력에 의해 야마도가 개설되어 70년 가량이 지나서 모계 원주왜인(母系原住倭人)에 세력 기반을 갖고있던 신공(神功) 황후 히미꼬가 네 번째의 담로주이던 중애(仲哀)를 죽이고 여왕(女王) 지배체제를 확립하였다. 그러나 신공(神功)이 죽은 후 다시 양쪽의 충돌이 야기되어, 야마도의 역사는 269년 종말을 고했다. 일본 사학계에서는 신공과 히미꼬를 별개의 여인으로 보아왔으나, 실은 사망 년도까지 일치하는 동일인이다…

그러나 김명배 교수는 김수로왕의 두 딸중 하나가 일본으로 건너가 183년 여왕이 되었으며, 199년 거등왕 즉위 년에 잠시 귀국하였다가 돌아갈 때 남동생(仙見)을 데려가 야마도를 다스린 것으로 밝히고 있다. 여왕이 곧 히미꼬(卑彌呼)이며 남동생이 신공(神功)이라는 것이다.

 누구의 주장이 옳든 간에 이러한 한·일 고대사는 여러 분야에 심심찮은 파문을 던진다. 백제가 일본 천황가의 전신(前身)처럼 되어버림에 따라, 백제의 옛 땅(故地)은 일본 천황가의 영지(領地)가 되지 않을 수 없고, 여기 근거하면 고대 천황가가 남한 지역을 지배했다는 "남한경영설(任那經營說)"도 어쨌든 성립되는 것이다. 또 일본의 교육 이념을 주도해 온 전통적인 역사관이 한반도 강점을 침략으로 보지 않고 고대 천황의 영지를 회복한 것처럼 여겨온 것 역시 이러한 역사적 배경에서 보면 납득이 되는 일이다.

 차문화 측면에서도 풀리지 않는 의문의 실마리를 제공한다. 히미꼬가 허황옥의 딸이라면 차 씨를 안 가져갔을 리 없다. 그렇다면 차나무는 이때 전해졌을 것이다. 가락국(駕洛國)의 차는 신라로 이어졌는데 유독, 백제의 다풍만 전해지지 않는 이유도 어렴풋이 밝혀진다. 그것은 정복자 신라에 의해 말살된 역사가 아니라 그들이 일본으로 가면서 가져간 문화였다. 그렇다면, 독자는 이미 짐작이 갈 것이다. 일본 다도의 뿌리는 곧 백제인의 차생활이요, 의심의 여지없는 비류백제의 문화유산인 것이다.

화려했던 고려인의 차생활

고려는 새 왕조를 세웠음에도 문화·전통은 신라 것을 그대로 이어받아 계승 발전시키려고 힘썼다. 개성을 건설함에 있어 서라벌을 본따도록 하였고 일반 생활양식도 신라 풍습을 그대로 이었다.

불교는 고려에서 더욱 발전하였다. 임금도 불타(佛陀)의 제자를 자처했던만큼, 손수 불공을 위한 말차를 위해 풀매를 돌리는 일이 흔했다고 고려사(高麗史)는 전하고 있다.

주요 국가 행사는 반드시 진차(進茶)의식으로 시작되고, 다방(茶房)이라는 차 전담 관청이 만들어져 궁중 연회가 있을 때 다과(茶菓)를 담당했다. 승려의 음용은 더욱 깊고 넓어졌고, 사원(寺院) 주변에는 차 농사를 전문으로 하는 다촌(茶村)이 번성했다.

고려시대 규모가 컸던 행사로 봄의 연등회(燃燈會)와 가을의 팔관회(八關會)를 꼽을 수 있는데, 행사 앞에는 반드시 진차(進茶)의식을 가졌다. "진차"란 주과식선(酒果食膳)을 올리기 전 임금께 차 올리는 것을 말한다.

…임금이 시신(侍臣)에게 '진차하라' 명하면 집례관은 전(殿)을 향하여 국궁(鞠躬) 배례(拜禮)한 후 차를 올린다. 임금은 태자 이하 시신제관에게 차를 하사한다. 모두의 앞에 차가 놓이면 집례관은 배례를 청한다. 그러면 모두 일어나 차를 내리신 은혜에 감사하는 뜻으로 두 번 절한 뒤 집례관의 집전에 따라 차를 마시고, 다 마시고 난 후엔 읍한다…

이것은 고려사 상원연등회의조에 있는 연등일 진차인데 팔관회 의식도 이와 같았다. 다만 다식(茶食) 쓰는 것은 팔관회에 국한했는데 이유는 분명치 않다. 팔관회가 왕도(王都)에서만 벌어진 반면 연등회는 시골 마을에 이르기까지 전국적으로 거행되었다는 점에서 연등회가 더 규모있는 대중적 행사였기 때문으로 추측될뿐이다.

진차의식을 보면 고려시대에 까다로운 행차예절(行茶禮節)도 있었을 것으로 보인다. 그러나 술을 올리거나 진지를 올릴 때도 집례관이 전을 향하여 "잡수십사"하며 국궁 배례하였다 하고, 임금이 시신에게 주과(酒果)를 내리면 집례관의 청에 따라 모두 일어나 두 번 절하고 읍하는 것도 같다고 했다. 그렇다면 진차는 차 의식이기 이전 궁중의 법도로 볼 수도 있다.

어쨌든 고려 왕실은 중요한 행사마다 차를 앞세웠다. 왕비, 왕자 책봉시와 공주 하가의(下嫁儀) 때, 대관전에서의 군신 연회나 노인 사연(賜宴) 때, 또 외국 사신을 맞을 때와 상례(喪禮) 앞에 진차가 행해졌다. 임금 행차시 다방(茶房)관리가 다구를 갖추어 수행했음은 물론이다.

고려인의 차생활을 이해하는데 도움주는 자료로 흔히 고려도경(高麗圖經)이 인용된다. 이는 송나라 국신사 일행으로 고려에 와서

약 1개월간 송도에 머물었던 서긍(徐兢1091~1153)의, 현장감 넘치는 기록이다. 서긍은 고려도경에 자신이 한 관리 집에 초대받아 차 대접 받은 일을 다음과 같이 적었다.

…초대받은 일행이 나란히 앉자 주인의 아들이 다과를 올렸고, 이어 예쁜 젊은이가 찻잔을 돌렸다. 왼손에 차주전자를 들고, 바른손으로 차선을 끌었다. 윗자리부터 차를 따르기 시작하여 아랫자리에 이르는 동안 조심하여 조금도 어수선하거나 혼잡함이 없었다…

…무릇 연회 때면 뜰 가운데서 차를 달여 은하(銀荷)로 덮고 천천히 걸어와 내놓는데, 의식의 진행자(집례)가 "다 돌렸오"라고 말한 뒤에야 마실 수 있으므로 냉차(冷茶)를 마시기 마련이었다. 하루에 세 번 차를 내 오고, 이어 더운물을 내 오는데, 고려 사람들은 이를 약이라 하며, 손님이 다 마시면 기뻐하고 다 마시지 않으면 주인을 방만히 여김이라 하여 불쾌함을 나타냈다. 그래서 억지로 차를 마신 적이 한두번이 아니었다…

1987년 화정차회(대표 신운학)가 발표한 고려시대의 차도구

서긍은 고려도경에 차조를 따로 둘만큼 차 이야기를 많이 썼다. 하지만 그는 송인(宋人)이라, 송나라 중심으로 고려차를 기술한 부분도 적지않다. 때론 송인의 입맛에 거슬린다고 형편없이 매도하기도 했다.

…고려의 차는 맛이 쓰고 떫어 입에 넣을 수 없는 것이 많다. 그러므로 고려인들은 납차(臘茶)와 더불어 송(宋)의 용·봉단(龍·鳳團)을 귀하게 여긴다. 용·봉단은 송나라 제실어용(帝室御用)인 귀한 차인데 예물로 오기도 하지만 부족하여 상인을 통해 구입하기도 한다. 고려사람들은 차 마시기를 즐기는 것 못지않게 다구(茶具)를 잘 다스렸는데 금화오잔(金花烏盞: 황금무늬가 있는 검은 잔)과 비색소구(翡色小具)와 은로(銀爐)와 물끓이는 소부(小釜)가 모두 중국 것을 본떴고…

이와같은 서긍의 글은, 우리 선조들이 가야·신라시대부터 차마시기를 즐겼고 고려에 와서 그 풍습이 더욱 넓게 번져, 생활문화의 중심을 삼았다는 사실을 상기할 때 신뢰성이 약해진다. 이를 시인하듯 서긍은 다음장에서 어떤 날은 길을 가는데 만나는 사람마다 '차 한 잔 마시고 가라' 하여 거리에서 접대받은 일까지 상세히 기술함으로서, 고려시대 차가 얼마만큼 민중의 생활 속에 깊이 파고 들어 있었는지를 엿보게 하고 있다.

그런데 살펴보면, 고려인이 즐긴 것 역시 말차(抹茶)였다. 찻잎을 쪄서 말려 고형물(固形物)로 두었다가 필요할 때 풀매로 갈아 가루를 만들고, 이를 끓이거나 끓는 물에 풀어 마셨다.

차를 가루내는 기구는 연다마(碾茶磨) 또는 다마(茶磨)라고 불렀다. 돌로 만들어진 풀매 종류로되 그 모양이 맷돌과는 달랐다. 둥근

석제(石製) 바퀴를 한 팔로 돌리는데, 천천히 돌릴 때마다 옥가루가 쏟아진다는 식의 시구는 말차를 만드는 광경을 노래한 것이다.

 돌 쪼아 만든 바퀴같은 맷돌
 빙 돌리니 한 팔이 수고롭다
 그대 어찌 차를 즐기지 않으랴만
 나의 초당에 아끼던 다마(茶磨)를 보냈구나
 내 즐김이 그대보다 깊다하여
 보내준 것이런가.
 푸르고 향기로운 가루 날리니
 그대 뜻 더욱 고마워지네

 마실 때의 차를 일컬어서는 한 잔, 두 잔 하며 잔(盞)이라 했지만, 고형차 상태에서는 각(角)을 단위로 썼다. 고려 성종 8년, 최승로(崔承老)의 죽음을 슬퍼하며 왕실이 보낸 부의(賻儀)에 뇌원차 200각이 있었다 했고, 문종 때는 80세 이상 국로에게 뇌원차 30각씩을 하사했다고 했다.
 고형차, 즉 단차(團茶)는 만들 때의 형태에 따라 이름을 달리 했다. 다식(茶食)처럼 둥글 납작하게 만들어 용·봉황 무늬 넣은 것을 용봉단차(龍鳳團茶)라 하였고, 가운데 구멍을 뚫어 엽전 모양으로 만들어서는 전차(錢茶)라 하였으며, 또 네모지게 만들기도 했다. 고려 때는 네모지게 만들어 단위를 각(角)이라 했던 것으로 보인다. 어떤 형태로 만들었든지 간에 이를 마시는 방법은 다마, 즉 차맷돌에 갈아 가루로 만든 뒤 끓이거나 뜨거운 물에 풀어 마셨다.

 찻잎을 채취하는 시기에 따라 차의 품질 등급이 매겨짐은 앞에서 밝힌 바 있다. 우리나라에서의 채다(採茶)는 4월 중순부터 시작되어 5월 하순까지 계속된다. 그런데 간혹 그보다 일찍 차를 얻는 경우가 있어 대시인(大詩人)으로 하여금 예찬의 긴 노래를 만들게 했다. 고려를 대표하는 시인 이규보(李奎報1168~1241)의 유차시(孺茶詩)를 음미해 보자. 소개하는 시는 이규보가 운봉(雲峰)의 고승 노규선사(老珪禪師)로부터 진귀한 유차(孺茶)를 선물받자, 흔열(欣悅)함을 이기지 못해 써내려간 예찬이다. 유차란 글자 그대로 어린 싹(嫩芽)으로, 이른 봄 잔설 사이에서 얻은 것인만큼 그 향기며 색깔, 맛이 일품이었는데, 주로 화개지방에서 채다·정제하여 바로 왕실에 진상했기 때문에 일반인은 구경하기 힘든 보배로운 차였다.

> 인생은 온갖 맛(百味)을 즐김도 귀중하니
> 하늘도 사람을 도와 절후(節候)를 바꾼다.
> 봄에 자라고 가을에 성숙함이 당연한 이치이니
> 이에 어긋나면 그것은 괴이한 일.
> 그러나 근래 습속은 괴이함을 좋아하니
> 하늘마저 인정(人情)의 즐거움을 따르는구나.
> 시냇가 차잎사귀 이른 봄 움트더니
> 황금같은 여린 싹 잔설(殘雪) 속에 자랐네
> 남방사람 맹수도 두려워 않고
> 험난함 무릅쓰고 칡넝쿨 휘잡으며
> 일만 잎 따 모아 차 한 덩이 만드니
> 이는 필시 남보다 앞서 임금님께 드릴 진품
> 선사는 어디서 이런 귀중품 얻었는가.
> 손에 닿자 향기가 코를 찌르고
> 활활 타는 화롯불에 손수 차 달이니

꽃무늬 자기에 따라 색깔을 자랑하네
입에 대니 달콤하고 부드러운 맛
마치 어린아이 젖내와도 같아
부귀한 가문도 쉽게 볼 수 없는 것을
우리 선사, 이를 얻음이 괴이하고 괴이하구료
남방사람 선사 처소 알지 못 하니
맛보고 싶어한들 어이 전해줄손가.
이는 필시 구중궁궐에서
고덕한 선사 대우해 예물로 보내준 것을
차마 마시지 못 하고 아끼고 간직하다
봉물(封物) 중사(中使) 편에 내게 보냈겠지.
나는 이제 세상살이 잊어버린 나그네
좋다는 혜산천(惠山泉) 물 감상하긴 했지만
평생 불우하여 탄식 속에 살아왔는데
일품을 감상함은 오직 이것 뿐인가 하네
귀중한 차 마시고 어이 사례 없을손가
공에게 맛있는 봄술 소식 전하노니
茶들고 술 마시며 보낸 한 평생
오며가며 풍류놀이 시작해 보세

백운산인(白雲山人) 이규보(李奎報)의 시를 찬찬히 음미하면 그 안에서 고려인의 차생활 모습을 선명하게 떠올릴 수 있다.

고려를 대표하는 다인으로 이규보와 쌍벽을 이루었던 문사 쌍명재(雙明齋) 이인로(李仁老)도 빼놓을 수 없다. 정중부의 난 때 머리를 깎고 피했다가 다시 귀속한 그는 1180년 괴과(魁科)에 급제, 직사관(直史館)에 있으면서 당대의 학자들인 오세재(吳世才)·임춘

(林春)·조통(趙通)·황보항(皇甫杭) ·함순(咸淳)·이담(李湛)과 결의, 중국의 죽림칠현(竹林七賢)을 본 받아 "해재칠현(海在七賢)"을 자처하며 차와 시를 즐겼다.

그는 높은 정신세계와 교양을 지녔으나 무관 정권하에서 크게 쓰이지는 못했다. 저서 파한집(破閑集)은 한가로움을 벗어나기 위한 글이 되겠으나 실제에 있어서는 답답한 현실에서 벗어나 한가로움 속에서 정신세계의 자유를 추구하는 뜻을 담고 있다. 그는 차나무에서 눈엽(嫩葉)을 따 건조시켜 포말을 만들 때, 또는 풀매를 돌릴 때의 고요한 정경을 노래한 여러 편의 다시(茶詩)를 남겼는데, 그중 하나를 음미해 보자.

깊은 산에 드니 동서도 분간 안 돼 아득한데
날리는 듯 벼랑에 쏟아지는, 샘같은 물 있어
시원함이 가슴을 씻어준다.
손 담그니 얼음인양 차갑고
바라보니 주름진 얼굴 나타나 이를 지켜본다.
냇가에 쉬면서 임금이 재상 동반한 듯, 부싯돌 쳐 차 끓이니
육우(陸羽)의 차맛 아는 것, 별 것 아니구나.

고려시대에는 행인들이 잠을 자거나 쉬어갈 수 있는 여관·휴게소를 다원(茶院)이라 했고, 또 도심에는 차를 사거나 마실 수 있는 가게가 있었는데 이를 다점(茶店)이라 했다. 백운거사·쌍명재와 더불어 해재칠인(海在七人)의 한 사람이었던 임춘(林春)의 시를 보면 다점에서 낮잠도 즐길 수 있었던 것 같다. 다점은 후일 차문화가 쇠퇴하면서 주막(酒幕)으로 고쳐 부르게 되었다.

무너지듯 다점 평상에 누우니 금세 형체 잊혀지고
낮잠 머리에 바람 부니 절로 깨어나네
꿈 속의 내 몸은 어디로 갔나
건곤(乾坤)이란게 하나의 큰 여관이었던가… (후략)

공민왕 때 밀직사(密直使) 겸 감찰대부(監察大夫)를 지낸 이연종(李衍宗)의 시를 보면 고려 사회에 명전(茗戰:차 겨루기)놀이가 성행했었던 것을 알 수 있다. 이 시는 이연종이 나이들어 공직에서 물러난 뒤의 것인데, 함양부원군 치암(恥庵) 박충좌(朴忠佐)로부터 차를 선물 받자 붓을 들어 쓴 감사의 글이다. 그는 여기에 어린시절 차 겨루던 추억을 간절하게 담고 있다.

소년 시절 영남 절간(嶺南樓)의 손님되어
명전(茗戰)·신선놀이 여러 번 참여했지
용암(龍巖) 봉산(鳳山) 기슭 죽림에서
스님따라 매 부리 같은 찻잎을 땄었지
한식 전에 만든 차가 제일 좋다던데
용천봉정(龍泉鳳井) 물까지 있음에랴.
사미승(沙彌僧) 시원스런 삼매(三昧)의 손길
쉬지않고 찻잔 속에 설유(雪乳)를 넣었었지
돌아와선 벼슬 따라 풍진 세상 치달리며
세상살이 남북으로 두루 맛 보았네
이제 늙어 한가로이 방에 들었거니
쓸데없이 분주함은 나의 일 아니로다
양락(羊酪)도 순갱(蓴羹)도 생각 없고
호화로운 집 풍류 또한 부럽지 않네

한낮의 죽창에 차 끓이는 연기 피어오르니
낮잠에서 깨어나 차 한 잔이 간절하다.
남녘에서 차 달이던 일 추억해 보지만
산중의 친구는 소식조차 없구나
경상(卿相)들이야 어찌,
소원한 사람 기억하고 하사품 나누어 주랴.
치암상국 홀로 잊지 않으시고,
좋은 신차 초당에 나눠 주었네
봉함 열자, 자용향(紫茸香) 살필 틈도 없이
종이에 배어든 품격, 코에 와 닿네
차의 고아한 품격 다칠세라 염려하면서
타는 불에 끓이기를 손수 시험하니
차솥에서 불어오는 쏴쏴 솔바람 소리,
소리만 들어도 마음 맑아지네
찻잔 가득 피어나는 짙은 그 맛,
마셔 보니 시원하여 골수를 바꾸는 듯 하구나
남쪽에서 놀던 그 시절은 동몽(童蒙)이었기에
차생활로 깊은 경지 이르는 것 몰랐었지
이제야 공의 선물로 인연하여
통령(通靈)했소이다. 옥천자 같이
때때로 두 겨드랑이 바람을 타고 봉래산 상봉으로 날아가,
서왕모 자화상 한 번 기울여 인간세상 묵은 때 씻어줄
구전진금단(九轉眞金丹) 가져 와
공의 진중한 뜻에 보답하고 싶구료.

마시자 신선이 된 기분이라는 찬미가 예사로울 정도로 차 음미

를 멋으로 즐겼던 고려인들이었다. 왕실에선 다분히 의식적이었고, 사원에서는 다섯가지 불공의 첫째요, 수도용(修道用)으로 애음되었지만, 일반 선비사회에서의 차생활은 격식없는 자유분방한 것이었다. 차생활로 머리를 맑게하여 학문에 정진하고, 차와 더불어 문학을 논하며 교유(交遊)하였으며, 정치적 혼돈 속에서는 스스로 심성을 순화시켰던 시대였다. 말하자면 차를 음미하며 인생을 다듬고 되돌아보고 때론 반성하였던 것이다.

충렬왕(1274~1308) 때 산중재상(山中宰相)으로 불리던 해동 조계종 제6세 원감국사는 "다선일미(茶禪一味)"라고 하면서, 그러한 고려의 다풍을 한 마디로 노래했다.

…경치가 아름다울 때면 서둘러 물 끓이고 친구 부르세. 차 마시는 일도 선(禪) 아닐 것 없으니, 선에 있어 격식은 초월하는 법…

차는 그렇게 사랑받으면서 불교를 더욱 깊이있게 했고 문화·예술의 발전과 함께 민족의 인품을 향상시켰다. 신라시대 이상으로 덕망있는 군주나 고매한 학자들은 "다인(茶人)"이라 일컬음 받는 것을 큰 명예로 여겼다. 고려인의 차생활 이야기는 삼은(三隱)에까지 이어진다. 도은(陶隱)·포은(圃隱)·목은(牧隱)은 려말(麗末)의 어두운 분위기를 차시에 담고 있다.

　　타는 불에 맑은 물 끓이노니
　　푸른 찻잔에 뜨는 향기가 더러운 창자 씻어준다
　　마루턱에 찬 백만 창생 운명
　　봉래산 신선에게 물어보고 싶구나

도은(陶隱·李崇仁)은 푸른 찻잔 안에서 명멸(明滅)하는 거품이 백만 창생처럼 보였던 것 같다. 음차의 벽(癖)이 유난했던 포은(圃隱·鄭夢周)은 서재에 혼자 누워 물 끓는 소리를 들으며 삼매(三昧)에 들어감을 도락(道樂)으로 삼았다.

보국(報國) 능력없는 서생이
차 마시는 버릇에 세정(世情)을 잊는다
눈 바람 세찬 밤 서재에 홀로 누워 즐기나니
돌 솥에서 들려오네, 솔바람 소리

찻물 끓기 시작하니
풍로의 불도 한껏 타오르네
감(坎) 리(離)는 하늘과 땅의 작용
그 뜻 끝없음, 비로소 깨닫는다.

포은은 동방 이학(理學)의 원조로 알려질만큼 유교 철학에 심취했는데, 주역(周易)에 몰두할 때면 석정(石鼎)에 물 끓여 차 달이기를 함께 하였다고 한다.
한편 고려말 학문과 정치에 큰발자국을 남긴 목은에게 차는 불로장생의 벗이었다.

산 높고 물 맑은 나라
땅이 신령스런 인걸의 나라
고려의 늙은이 산에 살면서
불로장생의 선차(仙茶) 마시네

조선 건국과 신유학의 물결

고려시대 그렇게 널리 민중의 사랑을 받던 차는, 조선조(朝鮮朝)로 접어들면서 불교를 억압하고 유교를 숭상하는(抑佛崇儒) 기운에 밀리면서 급격히 쇠퇴하는 현상을 보인다.

온 국민이 즐기던 기호음료에 종교색이 있을리 없건만, 차는 "불교의 상징"처럼 인식되었는지, 조선의 분위기에서는 멀리하여 쇠퇴하게 되는 것이다. 이것은 조선의 돌이킬 수 없는 실수였다.

"차의 기원"에서 보았듯이, 차는 종교 이전에 약용이었다가 차차 음용이 되었다. 차생활이 시작된 초기 신라는 불교국도 아니었다. 신라는 527년 이차돈의 순교 이후에 불교를 받아들였고 이후 통일신라에 이르러 번지기 시작했다. 그 뒤 고려에서 불국토(佛國土)다운 융성함을 보였었다.

불교가 국교(國敎)였던 시대에는 왕실법도나 선비생활이나 민간습속 모두 불교라는 하나의 큰 그릇에 용해되는 것이 당연했다. 가장 아낌받는 음료를 부처님께 공양하고, 국가의식에 사용하고, 또 국민이 즐겨 마시는 것은 자연스러운 일이었다. 그러나 그것으로 차에 불교색을 씌워 배척하는 것은 아무리 정치적 목적에서 억불·척불(抑佛·斥佛)이 시급한 과제였다 해도 현자(賢者)의 처세는 아니었다. 각도를 달리하면 더욱 이해하기 어려워진다.

조선 건국과 더불어 새롭게 국교로 등장한 유교의 경전, 즉 주자학(朱子學)에 의한 척불(斥佛)이 차생활을 쇠퇴시킨 직접적 원인이라고 단정짓는 것에 의문이 따르는 것이다. 주자학이 척불을 주도하여 모든 불교적인 것을 멀리하도록 한 것은 사실이지만, 그러나 차(茶)만은 받아들여 가례의 중심을 삼도록 하였다. 척불과 차생활에 동반적 관련이 있을 수 없다는 것인데, 이유는 주자의 사상이 다름아닌 차생활(茶生活)로서 가꾸고 다듬어진 것이기 때문이다.

주자(朱子:朱熹1130~1200)는 남송(南宋) 푸첸성(福建省) 우계(尤溪) 출신으로, 그곳은 중국에서도 차의 본고장이라 불리우는 곳이다. 그는 무이산에 있는 문공서원(文公書院)에서 철학을 완성했는데 그곳의 다풍(茶風)은 검소하기 이를 데 없었다.

14세에 부친을 잃은 그는 건안(建安)의 세 분 선생(유병산·호적계·유백수)에게 사사하며 면학에 힘써 19세에 과거에 급제했다. 24세에 임관하여 푸젠성 동안현(同安縣)의 주부(主簿)로 4년 여 근무하였는데, 초년에는 유교적인 교양을 쌓으면서 일편 노장(老莊)·불교에도 흥미를 보였다. 그러던중 정이(程頤:伊川)의 학통을 이은 이동(李侗:延平)을 만나 사사하면서 퇴직을 불사하고 유교에 몰입하여 끝내 신유학의 정수(精髓)를 계시받기에 이르렀다.

주자의 학문이 차생활을 통하여 다듬어졌다는 것은 굳이 나타내려 하지 않아도 사상적 특징에서 잘 나타난다. 그의 이기철학(理氣哲學)은, 형이하학적인 기(氣)에 대해서 형이상학적인 이(理)를 세워 이와 기의 관계를 명확하게 하고, 생성론·존재론에서 심성론·

수양론에 걸쳐 이기에 의하여 일관된 이론체계를 완성시키고 있는데 이것이 차생활에서 가르치는 예술적 사고의 일상화와 섬세한 인격을 위한 심성순화·자기수양과 일치하는 것이다. 주자의 학문 수양법은 인간이 본래 지니고 있는 것을 회복한다는 형식을 취하면서 이를 위한 노력을 거경(居敬) 궁리(窮理)라고 했다. 거경이란 마음이 정욕에 사로잡혀 망령된 생각이나 행동을 하는 일 없도록 하는 것이며, 궁리는 모든 사물에 내재하는 이치를 규명해 나가는 것이라고 하면서, 노력을 거듭 쌓아 근원(根源)이 되는 한 이치(理致)를 파악하는 것이 목표라고 하였는데, 이부분 역시 차생활 훈련에서 강조하는 인간 본래의 성품 회복이나, 심미안(審美眼)으로 만물의 존재가치를 새로운 시각에서 찾아보는 노력과 맥을 같이한다.

주자 이전의 유교는 실천 도덕이었지 체계적인 사상은 아니었다. 주자가 등장한 시기는 주돈이(周敦頤) 정호(程顥) 정이(程頤) 학통의 우주론과, 명분을 중요시하는 구양수(歐陽修) 계열 춘추역사학파가 쌍벽을 이루고 있는 때였다. 주자는 차생활을 통한 깊은 연구와 사색으로 두 이론을 합성하여 이른바 주자학을 완성하였는데, 여기서 그는 우주와 인간세상의 근본원리를 도(道)라고 하였다.

인생의 궁극적인 목적은 만물의 이치를 규명하여(格物致知) 이 도(道)를 터득함으로써 성인이 되는데 있다고 했는데, 주자의 도를 사회적으로 적용하면 군신(君臣)·부자(父子)·형제(兄弟) 등 상하 질서로 나타나게 하였다. 여기서 주자는 다시 "이와같은 인간사회의 질서를 존중하지 않는 자는 간물(奸物)"로 규정하면서, 간물에는 필주(筆誅)를 가하는 것이 성인의 도리(道理)라고 하였다. 주자학 도입 후 조선인의 모든 일상생활은 이 이론에 의해서 도덕률(道德律)의 지배를 받게 되었다.

주자의 이러한 사상은 학문으로는 훌륭했지만, 현실에 적용할 때는 여러 가지 폐단이 생길 요소를 내포하고 있었다. 인간이 모두 성인일 수 없고, 설혹 성인시 되는 사람이 있다해도 만능일 수는 없었다. 예를 들면 충(忠)과 효(孝)를 동시에 완벽하게 실천할 수 있는 사람은 드물었다. 털고 털어도 남는 게 먼지일진대 털어 먼지 안 날 사람은 없었다. 나라에 충성하다보면 불효를 저지를 수 있고 형제라도 뜻이 같지 않으면 불화가 생길 수 있는 것인데, 그런 면에서 주자의 그릇은 너그럽지 못했다.

급기야 서로 자기 세계를 내세워 군자니 소인이니 불효자니 해가면서 관직에서 내쫓고 혹은 처벌하는 일이 벌어지게 되었다. 법(法)이 아닌 도덕적 엄격주의를 유일무이(唯一無二)의 사회규범으로 삼은데서 조선의 당파싸움은 심화(深化)되기 시작했다.

왕대비가 죽은 아들의 상복을 3년 입느냐, 1년 입느냐 하는 것도 큰 정치문제였고 젯상의 생선꼬리가 동(東)을 향하느냐 서(西)를 향하느냐도 피를 부를만큼 큰 문제였다.

도덕(道德)은 곧 실천이기에 이를 앞세우다보면 사유(思惟)하는 여유는 상대적으로 줄어든다. 그래서 주자는, 자칫 건조해지기 쉬운 자신의 사상(思想)에 차생활로 윤기(潤氣)를 주었던 것으로 보인다.

그러나 조선의 위정자들은 차는 멀리하고 사상만을 받아들였다. 아무리 훌륭한 기계라도 윤활유가 없으면 불협화음이나 요란스럽게 내다가 쉽게 마모·파손되듯이, 물끼없는 도덕적 엄격주의는 조선을 공리공론(空理空論)이 횡행하는 건조한 사회로 만들어 갔다. 생각할수록 아쉬움만 커지는 조선의 어리석음이었다.

만약 그때 학문하는 사람들만이라도 차생활의 중요성을 제대로 인식하였다면, 이기사상(理氣思想)과 어울려 멋진 조화를 보여주었을지 모른다. 아니면 물질생활이 천시되던 청빈(淸貧)의 시대에서 엄격한 처세법, 자기수양법을 잉태하며 소위 안빈낙도(安貧樂道)하는 선비정신을 대변하였을지도 모른다.

 그러나 조선은 사유(思惟)를 통한 의미 부여보다 인식(認識)을 더 중요하게 여겼다. 조선의 이러한 특징은 사군자(四君子)에 대한 애정에서도 엿볼 수 있다. 눈 속에서 피는 매화(梅花), 높은 품격을 보여주는 난초(蘭草), 늦가을까지 고고하게 남아 맑고 높은 하늘에 향기를 뿌리는 국화(菊花), 곧게 자라는 대나무. 이 네가지가 선택된 것은 하나의 인식으로 통하는 맥을 가지고 있기 때문이었다.

 그것은 절개(節槪)와 지조(志操)였다. 신유학의 득세로 억불이니 척불이니 하는 용어를 쓰게 되었지만 냉정하게 판단하면 유교는 불교와 도교에 대립하는 학문이었다. 불교나 도교가 지닌 대응상의 약점을 유교는 여지없이 파고 들었다. 도교의 은둔경향과 불교의 초속적(超俗的) 출가(出家)는 가정과 사회를 멀리하게 하고 나아가 국가생활조차 가볍게 보게하는 경향이 있었다.

 이에 맞서 인식을 중요시한 성리학은 우주와 인간세상의 근본원리를 하나의 궤(軌)에 묶어 도(道)라고 하게 되었던 것이다. 유교의 약점은 불교의 연기(緣起) 법계(法界)처럼 깊은 형이상학과 참선같은 수행이 없는 것이었다.

 유학은 이에 대항하는 이론이 논어·맹자·중용·대학에 많이 담겨 있음을 파악하고 이 네 가지를 유학의 기본 경전으로 삼기에 이르렀다. 이러한 학문적 대립, 사상의 반목 속에서 주자의 사생활까지 들여다 볼 여유를 갖지못한 조선은, 끝내 차생활을 불교 도교의 것으로 치부해 멀리하게 된 것이었다.

 다례는 물론 관·혼·상·제 사례(四禮)의 차(茶)는 모두 술(酒)로 고쳐지게 되었다. 술을 탐탁하게 여기지 않은 성리학의 대가들은 청정수(淸淨水)로 감로차(甘露茶)를 대신하기도 하였다.
　조선으로 접어들어 차생활이 쇠퇴일로를 걷다가 중엽에 이르러서 단절되다시피 하는 것은 역시 척불(斥佛)이요, 척불로 인해 사원의 활동이 위축되고, 이에 따라 사원 주변(茶村)에서 만들어지던 차의 생산이 급격히 감소된 데 원인이 있었던 것이다.

커피의 수난과 일본 다도의 형성

　차에 종교색을 가미해 멀리한 것은 참으로 어리석고 가벼운 처사였다. 차는 특정 종교의 산물이 아니라 이 땅, 이 민족의 생활음료였기 때문에 더욱 그랬다.

바람 바람 봄바람아,
작설(雀舌)낮게 불지 마라.
이슬 먹은 작설 낮게,
불지 마라 봄바람아
한 잎 두 잎 따서 모아,
인적 기도 멀리한 날
앞 뒤 당산 신령님께
비나이다 비나이다 비나이다 비나이다,
바람 할매 비나이다.

　민요에서 느낄 수 있는 것은 차는 생활에 없어서는 안될 민족의 필수품이었다는 사실이다. 조선 초만해도 서민사회에서 "아무개 집에 차항아리 비었다"는 말은 집안이 망해 조상 제사에 올릴 차 한 잔 없다는 뜻이었다. 이름없는 선비들은 대세에 아랑곳하지 않고 청빈을 차생활에 비유하여 노래를 남겼다.

내 집 초당 삼간,
세상사는 알 바 없네
차 달이는 동 탕관과 고기 잡는 낙대로다
뒷뫼에 절로난 고사리
그뿐인가 하노라

이렇게 뿌리깊은 생활문화를 의도적으로 외면할 수 있었다는 자체에서 조선의 건조한 조정 분위기는 더 거론할 것이 없어진다.
비슷한 위기가 커피사(史)에도 있었다. 커피 이야기를 들어보면 조선에 지혜있는 성군이 없었다는 점이 더 큰 아쉬움으로 다가온다.
차와 쌍벽을 이루는 또하나의 기호음료 커피(Coffee)도 시작은 회교승들의 수도용 음료였다. 커피의 유래도 정확히 밝혀진 것은 없는데, 18세기 로마대학에서 언어학 교수를 지낸 화이토스 나이론의 설에 이런 내용이 있다.

…먼 옛날 이디오피아의 초원에서 산양을 몰던 목동이, 자기의 산양이 어느 지점에 이르기만 하면 펄쩍펄쩍 뛰고 이상하게 흥분하는 것을 이상히 여겨 가까운 수도원 원장에게 이 사실을 알렸다. 수도원장이 원인을 조사해 보니 그곳에 있는 한 식물의 열매를 먹은 탓이라는 것을 알았다. 수도원장은 자신도 열매를 먹어보았는데 조심스러워 끓여 마셨다. 그랬더니 졸음이 사라지고 형언할 수 없이 기분이 상쾌해지는 것을 느꼈다. 커피는 이 수도원장에 의해 알

려지기 시작했다 …

 그러나 일반적으로는 아라비아 회교승에 의해 발견되고, 수도용 음료로 오래동안 애음되다가 오스만제국(터키)의 아라비아 침략을 계기로 세상에 전해진 것으로 알려진다.

 …예멘에 사는 회교승 세이크 오마가 하루는 산길을 걷는데 배가 고팠다. 무언가 먹을 것 없을까 찾아보니 새들이 한 나무의 열매를 쪼며 즐거워하는 것이 보였다. 본콤(ban cam)이란 나무에 열린 본(ban)이란 열매였다. 오마는 새들이 먹는 것이니 괜찮겠지, 하며 이 열매를 먹었다. 그랬더니 기분이 상쾌해지고 힘이 솟는 것 같았다. 오마는 호기심에서 열매를 잔뜩 따 가지고 가 이리저리 살펴본 후, 이 열매의 놀라운 효능을 알게 되었다. 그 후 오마는 여러 사람에게 커피의 존재와 음용법을 가르쳐주어 성자(聖者)로 불리우게 되었다…

 커피의 음용이 사실로서, 기록을 통해 이야기되는 것은 서기 1000년 경 아라비아 회교사원에서 시작한다. 편작만큼이나 유명했던 바그다드의 의사 라셈이 있어 "커피는 탕제로서 피로를 없애주고 졸음을 방지하고 소화를 돕는다"고 발표한 바 있지만, 어쨌든 이를 일상적으로 음용한 것은 회교승들이었다.
 알라신을 유일신으로 삼아 엄격한 수행이 요구되는 수도승들에게 커피는, 자칫 나른해지기 쉬운 자세를 바짝 긴장하게 하는 비상의 약으로 사랑받았다. 세계 최초의 커피하우스인 "뷰도·알·카파"가 아라비아의 성지 메카에서 문을 연 것도, 전도를 목적으로 하는 회교승들에 의해서였다. 그들은 메카를 찾아온 순례자들에게는 물론, 상인, 일반인에게까지 커피를 나누어 주었다.

　처음 아라비아에서 커피를 일컫던 명칭은 열매를 "방", 나무를 "방감"이라하여 이디오피아와 같이 발음했다. 그러나 차츰 "카파"라고 부르게 되었다. 카파는 아라비아어로 알콜 음료를 총칭하는 것이었는데 음주가 허용되지 않는 승려들 사이에서 은어(隱語)처럼 생겨나 곧 정착되었다. 불교사회에서 곡차(穀茶) 운운 하는 내력과 비슷한 의미가 "카파"였던 것이다.

　이러한 카파가 유럽에 전파된 것은 터키인에 의해서였다. 16세기에 전성기를 맞는 이슬람왕조 터키(오스만제국)는 1517년 이집트 정복과 동시에 성도(聖都) 메카·메디나의 보호권을 획득하였고, 이어 26년 헝가리를 굴복시키고 29년에는 빈을 포위 공격하면서 유

커피는 양치는 목동에 의해 이집트에서 발견되었다는 것이 정설이다.

럽의 정국에 큰 영향을 끼쳤다. 지중해 방면에서는 38년 에스파냐·베네치아·로마교황의 연합함대를 프레베자 바다에서 무찌르고 튀니지·알제리도 합병하였으며, 동방에서는 바그다드·바스라의 지배권까지 확립하여 메소포타미아를 억압하였다. 지중해·흑해·홍해·페르샤만의 제해권과 동서남북으로 펼쳐진 국제무역로를 온통 오스만제국이 장악해 버린 시기였다.

그 중심은 이스탄블(콘스탄티노플)이었다. 커피는 오스만제국 군인들의 발길을 따라 유럽에 소개되었다. 아라비아의 커피하우스를 흉내내서 1552년 유럽 최초의 커피하우스가 이스탄블(콘스탄티노플)에서 문울 열었고, 이어 옥스포드·베를린·빈·런던·마르세이유·파리·함부르크 등의 순으로 커피하우스들이 생겨났다.

커피를 즐겨 마시는 사람들이 늘어나고, 그것이 마치 예술품 같이 완성된 음료로 인기를 모아가자 기독교 사회 지도자들은 커피 금지령을 내리고 박해를 시작했다. 이단자인 회교도가 마시는 "악마의 음료"를 기독교도가 마셔서는 안 된다는 것이었다. 커피 금지령에는 오스만제국에 대한 원한서린 감정이 포함되었을 수도 있었다. 커피를 마시다 붙잡힌 사람은 혀를 뽑았고, 원두를 암거래하다 붙잡힌 사람은 커피포대에 넣어 바다 속에 처넣는 극형이 여기 저기서 서슴없이 행해졌다. 그러나 커피의 마력은 한 번 그것을 마신 사람을 그것에서 헤어나지 못하게 했다.

커피 논쟁이 피를 부를 정도로 뜨거워지자 마침내 교황의 결재가 필요하게 되었다. 커피를 마신 교황은 클레멘스 8세였다. 생전 처음 커피를 맛 본 교황은 침묵 속에서 충분히 음미한 후 기운찬 목소리로 말했다.

"악마의 음료라는 게 이렇게 훌륭한가. 이런 음료를 이교도들만 즐겼다는 것은 차라리 애석한 일이다. 내가 커피에 세례를 주어 기독교인의 음료가 될 수 있는 자격을 부여할 터이니, 앞으로는 커피 박해를 금하도록 하라"
　이리하여 커피는 교황으로부터 의식을 갖춘 세례를 받게 되었고 사람들은 다투어 커피를 받아들였다. 루이 14세의 명언(?)은 이런 일이 있은 후에 나온 것이다. .
　"커피가 없이는 아무리 진수성찬이라도 훌륭하다고 할 수 없다"
　커피 하우스는 단순히 기호음료를 마시는 장소가 아니라, 지식인·정치가들의 집회소 또는 토론장으로 애용되면서 사회발전에 긍정적인 많은 기여를 했다. 프랑스 혁명도 "커피 하우스의 토론"에서 시작되었다.

　이와같은 커피 이야기를 돌아보며, 조선이 차를 불교인의 음료라 하여 끝내 배척만 했던 우리 역사를 비교하면 가슴이 아파오기까지 한다. 필자의 가슴이 유난히 여린 탓일까.
　우리에게서 차가 멀어져갈 때 이웃 일본에서는 선종(禪宗)의 헌차(獻茶)의식이 심미적(審美的)인 종교(宗敎)로 발전하면서 다도(茶道)를 완성해 갔다.
　일본에 차마시는 풍습이 생겨난 시기는 난보꾸조우(南北朝1336~1392) 후기부터 무로마찌(室町1338~1573) 초기로 보고 있다. 연대가 겹치는 것은 아시카가 다카우지(足利尊氏)가 북조(北朝)를 평정하고 무로마찌에 바쿠후(幕府)를 세운 뒤에도, 약 60년간 난조우(南朝)만은 지속되었기 때문이다.
　무로마찌 바쿠후의 3대 장군 요시미쓰(足利義滿)는 무인세력의 통합을 주장하면서 잔존하던 남조를 1392년 소멸시켜 버렸다. 그리고 그 시대에 차 재배가 주로 이루어졌던 큐우수(九州)·기나이(畿內)·간또우(關東)를 손아귀에 넣으면서 차에 대한 관심은 새롭게 생겨났다.

　6대 장군 요시노리(足利義敎)때에 노우아미(能阿 1397~1471)가 다구(茶具)의 감별법, 점다법(點茶法)을 창안했고, 이어 8대 장군 요시마사(足利義政)때에 게이아미(藝阿 1431~1485)·소우아미(相阿 ?~1525)가 서원(書院)의 장식법을 추가하고 점다법을 보완하면서 이윽고 다도는 형성되기 시작했다. 히가시야마(東山)류가 된 이들의 점다법은 선종(禪宗)이 수도생활에서 지켜야 할 규범에다 무가(武家)의 법식을 섞어 만든 것이었다.

　같은 무렵, 아시카가 요시마사(足利義政)의 다도사범이었던 무라다슈코(村田珠光1433~1502)에 의해 나라(奈良)류가 형성되는데, 이것이 오늘날 일본문화를 대표하는 다도(茶道)의 초석(礎石)이었다.

　무라다의 가장 큰 공헌은 사방 한 길(方丈)의 다실(茶室)제정이었다. 당시의 엄격한 사회에서 그는 "평등(平等)의 다법(茶法)"을 실현시켰다. 귀인용과 하인용을 구분해야 하는 출입문을 다실에서는 누구나 허리를 굽히고 들어가는 "겸손의 문"으로 일원화 시켰다. 그는 차생활을 통한 자득(自得:陀), 즉 깨달음을 제창하며 불완전을 사랑하라고 가르쳤다.

　그러나 워낙 문화적 기반이 취약한 상태였고, 게다가 무로마치 바쿠후도 세력이 약해 1467년 이후는 전국시대(戰國時代)라는 혼란기에 접어들고 말았다. 바쿠후에서 임명한 슈고(守護)가 다이묘(大名:領主)가 되고, 그들이 독립하여 새로운 지배계급을 형성하면서 서로 다투고 하극상(下剋上)이 난무하는 사회가 되어버린 것이다. 살아남기 위한 다이묘(領主)들은 독자적인 법을 만들고 강대한 군사집단(家臣團)을 편성해 영내의 모든 것을 보다 확실히 지배하는 다이묘료고쿠(大名領國)를 형성해야만 했다. 음모와 배신이 난무하여 육친이라 할지라도 믿지 못하던 전국시대는 오다 노부나가(織

田信長)의 중앙 진출에 이어 도요토미 히데요시(豊臣秀吉1536~1603)가 등장, 통일의 대업을 이룩함으로써 대단원의 막을 내렸다.

그것이 1590년의 일로, 일본의 문화는 이때부터 다시 피어나기 시작했고, 주체는 귀족화한 무사(武士)들이었다. 자연 무사들의 거친 심성을 순화시키는 일 - 즉, 사무라이 정신으로부터 문화운동은 시작되어야 했다.

이때쯤 무라다슈코(村田珠光)의 다도는 다께노 조우오우(武野紹鷗1502~1555)를 거쳐 센리큐(千利休1522~1591)에 이어져 완성되고 있었다. 리큐는 어려서부터 차 공부를 하였다. 처음에는 노우아미의 풍류를 이어받은 기다무끼(北向)로부터 서원(書院)의 차를 배우다가, 그의 소개로 조우오우의 제자가 되어 15년간 사사하였다. 스승을 잃은 뒤 그는 한동안 참선(參禪)으로 시간을 보내기도 하고 여러 고장을 돌아다니며 다기구 제작을 연구하다 "오다 노부나가"의 다두(茶頭)패에 가담하게 되었다. 그리고 노부나가가 죽은 뒤 히데요시 진영의 다두(茶頭)로 자리를 옮겼다.

이렇게 히데요시와 리큐가 만난 것은 1582년의 일로, 히데요시가 리큐에게 요구한 것은 "불안해 하는 서민들의 마음을 가라앉히고, 거칠기만할 뿐 우아함을 모르는 무사들의 마음을 순화시키고, 나아가 두 계층의 화합을 만들어내는 것"이었다. 히데요시의 지원은 파격적이었고 리큐는 다두(茶頭)로써 히데요시에게 모범적 충성을 보였다.

리큐는 검소와 불완전을 사랑하도록 가르쳤다. ▲어느 장소에서나 조화를 해치지 않는 사람이 되어야 한다고 했고 (和) ▲자연은 물론 사물에 대해서까지도 경건한 마음을 가져야 한다고 했으며 (敬) ▲심성이 깨끗해야 한다고 했고 (淸) ▲검소한 자세로 자기를 늘 반성하는 사람이 되어야 한다고 했다 (寂)

…다도는 일상생활의 소박한 살림살이 가운데 있는 아름다움을 칭찬하고 떠받드는 것을 기조(基調)로 하는 예법(禮法)입니다. 함께 살아가는 조화(共存), 자비스런 마음에서 생겨나는 신비스런 사랑의 힘, 그리고 낭만주의적 질서관을 논하며 가르치는 것입니다. 불완전을 존중해야 하는 이유는 인생이란 마음대로 되지않는 상황 하에서 가능한 한 무엇인가를 하려고 하는 시도이기 때문입니다. 다도의 철학은 일반이 이야기하는 심미주의(審美主義)는 아닙니다. 윤리(倫理)와 종교(宗敎)가 융합하여 인간과 자연의 총체(總體)를 어떻게 볼 것인가를 깨우치는 노력입니다…

종교에서는 아름다움(藝術)이 인생의 배후에 있다고 하지만, 참다운 예술은 오늘을 살아가는 우리들 앞에 영원히 함께한다고 하면서, 스스로 아름답지 못하면 아름다움에 접근할 수 없음을 주지시켰다. 이러한 리큐의 다론(茶論)은 미국 보스톤박물관 동양학부장을 지낸 오가꾸라 덴싱(岡倉天心)이 1900년에 발표한 "The Book of Tea"에 잘 정리되어 있다.

…다인(茶人)들은, 예술이란 그 예술을 실 생활에 반영할 수 있는 사람만이 이해할 수 있는 것이라며 수련을 거듭했습니다. 다실에서 도달할 수 있었던 고도의 세련된 정신으로 일상생활까지 규제하는 노력을 하였습니다. 어떠한 경우라도 마음의 평정을 유지하도록 인내(忍耐)를 익혔고, 대화는 주위와의 조화(調和)를 손상하지 않도록 훈련하였으며, 옷의 모양이나 색은 물론 자세, 걸음걸이까지도 가볍게 여기지 않는 것을 생활화하도록 하였습니다. 스스로를 먼저 아름답게 가꾸어야 아름다움에, 진실로 접근할 수 있었기

때문입니다. 이러한 과정을 통하여 결국 다인들은, 순수한 예술 이상의 것, 나아가 "예술" 그 자체가 되려고 하였습니다. 그것이 곧 다도(茶道)에서 말하는 심미주의(審美主義)의 선(禪)입니다…

…다인들은 수수한 색상의 옷을 입도록 가르쳤고 꽃을 가까이 하는 정신을 불어넣어 주었습니다. 항상 간소(簡素)를 애호(愛好)하라고 강조하며 겸양(謙讓)의 아름다움을 시범하여 주었습니다.
거센 파도(波濤)가 휘몰아치는 해원(海原)을 헤쳐가야 하는 인생에는, 스스로 자기를 바로잡는 비결이 필요한 것입니다. 이것을 터득하지 못하는 사람은 허공 속에서 행복과 만족을 추구하다 보잘 것 없는 인생을 마치고야 맙니다. 마음의 안정을 유지하려고 하면 더욱 비틀거리고, 수평선에 떠 있는 구름은 폭풍 전 징후처럼 보일 것입니다. 하지만 그 거센 파도가 영겁(永劫)을 향하여 전진하고 있음을 알게 되면, 거기엔 환희와 아름다움이 있습니다. 그렇다면 그 물결치는 파도에 몸을 던져보지 않으렵니까. 아름다운 것과 더불어 살아온 사람만이 아름답게 죽을 수 있습니다…

전국이 통일되었다고는 하나 세상은 여전히 음모와 배신이 난무하여, 육친조차 신용하지 않는 시대였지만, 차(茶)는 다인들의 가르침을 통하여 착실히 침투되어 갔다. 위대한 다인들의 종언(終焉)은 그 생애처럼 영묘전아(靈妙典雅)하게 다듬어져 우주의 리듬에 실려졌다.
리큐에 의해 완벽하게 정리된 차의 철학은, 놀랍게도 "죽음의 미학(美學)"으로 발전했다. 허(虛)를 삶의 술(術)로 삼은 뒤, 죽음에 대하여 열린 생각을 갖게 함으로서 인생을 송두리채 예술화 하는 시도로 발전하였던 것이다. 그것은 종교 이상의 것이었다.

리큐(千利休)의 인기는 치솟아 히데요시의 권위를 능가하게 되었다. 리큐는 히데요시의 비위나 맞춰주는 알랑쇠는 아니었기에 공공연한 장소에서 의견을 달리하는 일도 많았다. 하지만 히데요시 또한 장군이었다. 작은 의견 차이에 신경쓰지 않았다.

그러나 리큐에게도 "사랑은 사랑을 낳고, 칼은 칼을 부른다"는 하늘의 법칙이 찾아온다. 죽음의 미학을 완성한 그에게, 죽음의 미학을 몸소 실천해 보이라는 명령이 떨어지고 마는 것이다. 음모와 배신에 성역은 없었다. 일단의 정적(政敵)들은 히데요시에게 그가 권좌를 노린다고 모함을 했다. 어느 순간 리큐가 내미는 초록빛 음료에 치명적인 독이 있어, 히데요시를 쓰러뜨릴 것이라고 귓속말로 전했다. 분노한 히데요시는 리큐에게 스스로 생명을 끊을 것(自決)을 명령해 버렸다. 리큐는 반항하지도 않았고 비굴한 모습을 보이지도 않았다. 담담하고 호방하게 받아들였다.

정해진 자해(自害)의 날이 되자, 리큐는 아끼는 문인(文人)들과 최후의 다회를 가졌고, "사라지지않는 빛"과 같은 교훈을 후배들에게 남겼다.

…그 날 리큐는 아끼는 문인들을 최후의 다회에 초청했습니다. 약속한 시간에 손님들은 슬픔에 잠긴 얼굴로 대합실에 모였습니다. 뜰을 바라보니 정원수(庭園樹)들이 떨고 있었습니다. 나뭇잎 팔랑거리는 모습은 망자(亡者)들의 속삭임 같았습니다. 어둠이 내리는 가운데 석등(石燈)은 저승의 보초병인양 엄숙한 모습으로 서 있었습니다. 묘한 향기가 다실을 에워싸고 있었습니다.

"들어오십시오" 하는 소리가 들렸습니다. 손님들은 차례로 들어가 정해진 자리에 앉았습니다. 이윽고 주인도 자리에 앉았습니다. 천천히 찻잔이 돌려졌습니다. 손님들은 묵묵히 마셨습니다. 최후로

주인이 잔을 비웠습니다. 순서에 따라 손님들은 도구(道具)의 배견(拜見)을 원했습니다. 리큐는 다실 안의 모든 도구를 손님들 앞에 내놓았습니다. 손님들이 하나씩 도구의 아름다움을 칭찬하니 리큐는 하나 하나를 마지막 다회의 기념으로 나누어 주었습니다. 그리고 그가 마셨던 찻잔만이 그의 손에 남았습니다. 리큐는 말했습니다.

"불행한 자의 입에 더럽혀진 찻잔은 다른 사람이 써선 안 됩니다"
리큐는 찻잔을 깨뜨렸습니다.

다회를 마친 손님들은 눈물을 참으면서 최후의 이별을 고하고 다실을 나왔습니다. 리큐는 오직 한사람, 가장 각별한 친구에게만 남아서 최후를 지켜봐 달라고 부탁하였습니다. 정결한 다실에 둘만 남았을때, 리큐는 다회복을 벗었습니다. 그러자 이제까지 가려져 있던 순백의 치장(壽衣)이 드러났습니다. 그는 단정히 앉아 자기 생명을 끊을 단도의 번쩍임을 보았습니다. 그리고 중얼거렸습니다.

오너라 그대여, 영원의 칼이여…
이윽고 그는 만면에 웃음을 띤채 영원한 나라로 떠났습니다.

리큐가 가버리자 정신적 지주를 잃은 민심(民心)은 하루가 다르게 흉흉해졌다. 무례와 난폭을 잠재웠던 다도는 마치 리큐와 함께 사라져버린듯 했다. 무사들의 거친 심성은 되살아나 여기저기에서 시비가 일고 다툼이 벌어졌다. 새로운 분열의 조짐이 도처에서 접수되었다.

히데요시는 불안해졌다. 리큐의 자리를 대신할 인물이 필요했다. 그러나 찾아지지 않았다. 리큐를 모함한 자까지 처단하였으나 그것으로 문제가 해결되진 않았다. 어떻게든 민심을 수습할 방법이 시급했고, 리큐 없는 다도에 새로운 바람이 필요했다. 히데요시는 이기로에서 절묘하게도 조선 침략을 택했다. 임진왜란은 그렇게, 센리큐(千利休)가 죽은 이듬해 일어난 또하나의 "차(茶) 전쟁"이었다. 살상과 파괴를 일삼으면서 한편에선 도자기문화를 송두리채 앗아가려한 것은 그 때문이었다.

와비(陀)로 대표되는 일본의 다도는 그렇게, 정치성을 내포하면서 정립되어졌다. "불완전 속의 아름다움을 찾아 숭배하는 의식"으로 뿌리를 내리면서 예술의 감상에 있어서는 "암시의 가치"를 극대화 시켰고, 인생에 있어서는 죽음도 삶의 연장이라는 열린 생각을 갖게 하였다. 불완전 속의 완전을 추구하는 것이지만, 완전에 도달한다 해도 심미주의에서는 불완전한 것이어야 했다.

…삶과 죽음이 범천(梵天)의 낮과 밤일진대, 죽음은 왜 탄생처럼 반기지 않는가?…

낡은 것이 사라져야 신생(新生)은 가능해진다. 생명은 흘러가는 것이며 죽음은 만물에 찾아온다. 지향(指向)하는 것이 무엇이 되었든 저 끝에서 기다리는 것은 파괴(破壞)이다.

그들은 "무정하지만 생각하기 따라서는 자비로울 수 있는 신"인 죽음을 여러 가지 명목으로 숭배하게 되었다. 자위(自慰)·자족(自足)의 수단으로서가 아니었다. 불완전 숭배는 오히려 반대로 신에게 내미는 도전장같은 것이었다. 불완전한 인생들이 불완전한 세계에서 완전을 찾고 이룩해보려는 갸륵한 시도이기도 했다. 느끼려고만 하면 아름다움은 도처에 있는 것 아니던가.

다도는 차츰 배반적인 것까지 수용해 가면서 이윽고 "두 얼굴의 일본"을 낳았다. 모든 것이 "불완전 숭배"로 합리화될 때 "두 얼굴"은 태어났다. 교양과 풍류라는 이름 아래 잔학행위를 서슴없이 저

지르고 신에게 제물을 바치기 위해 자연을 황폐케 하는 일까지 벌이게 되었다.

"아아, 뜰에 말없이 서 있는 꽃이여. 너를 꺾어들면 나의 손은 더러워진다. 그러나 이것이 너의 운명인 것을"

그들은 주저없이 꽃을 꺾어 밑둥을 자르고 불에 지진 뒤 도꼬노마(床の間)에 올려놓고는 아름다움에 대한 봉헌(奉獻)을 함께 하자고 하였다.

"아름다움에 대한 봉헌을 함께 하자는 것…"

다도에서 비롯된 이 논리는 후일 침략과 약탈을 일삼으며 대동아공영을 함께 이루자고 부르짖는 행위나 같은 것이었다.

꽃을 함부로 꺾는 것은 죄이지만, 미리 마음에 그림을 그리고 꼭 필요한 부분만을 자르는 것으로 "속죄(贖罪)"는 이루어진다고 멋대로 생각했다. 그들은 정말 손 닿는대로 자르는 것을 금기로 여겼다. 하나의 작은 가지일망정 필요 이상 자르는 것을 큰 수치로 여겼다.

리큐에 의하여 다도(茶道)의 작법(作法)이 완성되면서 꽃꽂이(花道)도 눈부시게 진보했다. 리큐의 후계인 오다우라쿠(織田有樂), 후루다오리베(古田織部), 고보리엔슈(小握遠州), 가다기리세키슈(片桐石州)도 꽃꽂이의 새로운 조형을 창조하는데 적지않은 노력을 하였다.

그러나 다인들에 의한 꽃 숭배는 다도의 심미적 예법 중 일부에 지나지 않았다. 다실 내의 다른 예술품과 마찬가지로 전체 장식체계의 일부일 뿐이었다. 따라서 유별나게 눈에 띠는 꽃은 다실에 놓여질 수 없었고 다실을 떠나 독립적인 감상의 대상도 될 수 없었다.

점필재의 함양다원과 한재의 차노래

　조선 건국(1392) 이후 차생활문화는 확실히 쇠퇴했다. 그러나 직전까지 성행했던 것이 하루 아침에 눈 녹듯 사라질 수는 없었다. 드러나지 않았을 뿐 찾아보면 곳곳에서 유속(遺俗)은 발견되었다. 무엇보다 차공(茶貢) 제도는 그대로 이어져 차 생산이 없는 지역 백성들을 괴롭혔다.

　이같은 사실은 성종 때의 문신(文臣) 점필재(佔畢齋・金宗直1431~1492)가 자상하게 들려준다. 성종2년 신묘(1471)에 함양군수로 내려간 그는, 당시 함양군에 차 생산은 없음에도 차를 상공하는 제도는 남아있어 민원의 대상이 되고 있음을 알고 다원(茶苑)을 만들어 이를 시정했다.

　…함양에 부임하여보니 함양군에서는 나지도 않는 차를 해마다 백성들에게 부과하여, 백성들은 멀리 전라도에 가서 비싼값에 차를 구해온다. 쌀 한 말에 차 한 홉의 비율로 사 온다. 이 폐단을 알고 난 후 백성들을 몰아치지않고 관(官)에서 구해 상공(上貢)하였다.

내 일찌기 삼국사(三國史)를 읽었으되, 신라 때 당나라에서 차 종자를 얻어 지리산에 심게했다는 기록을 보았는데, 함양이 지리산 아래이니 어찌 신라 때 것이 남아있지 않으랴 생각되어 늙은이를 만날 때마다 물어보았다. 그 결과 엄천사(嚴川寺) 북쪽 대나무 숲에서 몇 그루의 차나무를 발견할 수 있었다. 나는 몹시 기뻐서 곧 그곳에다 다원(茶園)을 설치했다. 근방에 있는 백성들의 밭을 다 사서 다원을 넓혔다. 몇 해 지나지않아 차나무는 잘 번식해서 다원 안에 가득해 졌다…

차공(茶貢)이 함양군에까지 있었다면 그 아래 지역에는 모두 있었을 것이다. 그리고 전라도에 가면 값은 비싸지만 얼마든지 차를 구할 수 있다고 했다. 점필재의 이러한 회고가 의미하는 것은 무엇일까.

세종실록지리지에는 차가 토공물(土貢物)인 곳이 32개 군과 현

통일신라시대 작품으로 추정되는 화엄사 사사자 삼층석탑.

이고, 토산품(土産品)인 곳은 3곳으로 표시되어 있다. 모두 오늘날에도 차가 많이 생산되는 전라도 경상도 지방이다. 그러나 함양의 경우처럼 차가 산출되지 않음에도 차공은 있었다는 것은 세종실록지리지가 발로 쓴 것이 아니라 전세(前世)에서 이어받아 정리한데 불과함을 알려준다 할 수 있다.

점필재에 이어서 한재(寒齋) 이목(李穆1471~1498)의 차 노래(茶賦)는 또 다른 각도에서 우리 정서를 건드린다. 한재는 점필재가 함양군수로 부임하던 해에 태어났고, 점필재 문하에서 학문을 배웠다. 후일 유학의 거두가 된 한훤 김굉필, 일두 정여창, 탁영 김일손 등과 동문수학했다. 19세에 초시 갑과에 합격한 뒤 성균관의 유생이 되었는데 이때부터 그의 강한 기개는 세인의 관심을 끌었다.

임금(成宗)이 병이 나서 차도가 없자 이를 염려한 대비가 하루는 무녀를 불러 명륜당 뒤 벽송정(碧松亭)에서 굿을 하도록 하였다. 한재는 태학생들을 이끌고 가 그 무당을 매질하여 내쫓아 버렸다. 크게 노한 왕비는 임금의 병세가 차도있기를 기다려 사실을 왕에게 말하였다. 이에 성종은 그 명단을 적어 올리라고 불호령을 내렸

사사자 삼층 석탑에 차공양을 올리고 있다.

다. 모두들 사색이 되어 숨으려 하였으나 한재는 책임을 자담하고 결과를 기다렸다. 얼마 후 성종이 내린 것은 처벌이 아닌 격려였다.

한재의 의협심은 도처에서 강한 소리를 내었다. 기개(氣槪)있는 선비였던 그는 불의(不義) 앞에서는 상대가 누구이든 간에 한 치의 양보없이 과감하게 맞섰다. 강하면 부러진다는 속담은 한재를 두고 한 말과도 같았다. 그해 영의정 윤필상의 졸정(拙政)을 상소하며 간귀(奸鬼)로 지목한 것이 화근이 되어 귀양을 갔다가, 3년 후 풀려나 문과에 장원하여 다시 관직에 올랐으나 무오사화에 임하여 끝내 윤필상의 모함을 받고 처형되니 당시의 나이 28세였다.

너무 젊었다는 점에서 그의 사상과 생애를 논하기는 조심스러운 일이나, 그가 남긴 전문 1332자의 차노래(茶賦)는 우리를 잠시 침묵하게 만들 정도의 것이다. 그는 서문에 다부를 짓는 뜻을 이렇게 밝혔다.

…나는 차를 알지 못하고 지냈는데, 육씨 책(茶經)을 읽고 그 성품을 안 뒤로 마음 깊이 보배로 삼았다. 옛날 중산(中散)은 거문고를 좋아하여 노래를 지었고, 팽택(彭澤)은 국화를 사랑하여 노래를 남겨 그 아름다움에 공헌했는데, 하물며 차의 공덕이 으뜸인데 아직 칭송한 이가 없으니 어진 벗을 버린 것과 무엇이 다를까. 이에 그 이름을 살펴보고 품질의 상하와 공덕을 노래 글로 지어본다. 혹 누가 있어 "차는 세금으로 들이니 백성에게 병폐인데 무엇을 말하려는가"하고 묻는다면 나는 이렇게 답하리라. "그것이 어찌 하늘의 본뜻일까. 사람이 정한 일이요 차의 일은 아닐 것이다…"

한재는 다부에서 ▲차의 종류와 생산지를 일별(一瞥)하고 ▲차밭의 풍광을 두루 논한 뒤 ▲차의 오공(五功) 육덕(六德)을 예찬하고 ▲결론 부분에서는 스스로 체득한 차의 진수와 그 현묘함을 간결하게 다루고 있다.

…다섯가지 공(功)이 있으니 첫째는 갈증을 해소시켜 주는 공이요, 둘째는 화가 치밀 때 울분을 달래주는 공이다. 세째는 상대와 정답게 대화를 나누도록 하는 공이요, 네째는 몸 안의 삼충(三蟲)을 몰아내어 건강하게 하는 공이고, 다섯째는 주독(酒毒)을 풀어주는 공이다. 또 여섯가지 덕(德)이 있으니 하나는 장수를 누리게 하는 것이요, 둘은 덕을 짓게 하는 것이요, 셋은 병을 낫게 하고, 넷은 기운을 맑게 하고, 다섯은 마음을 편안하게 하고, 여섯은 예의롭게 하는 것이다…

그런데 한재의 글에는 낯선 것이 많다. 차의 종류와 산지를 논함에 있어서 조선의 것은 포함되지 않았고, 문체 또한 나이에 어울리지 않게 노숙한 흠이 있다. 결론 부분의 한 구절을 보자 …기꺼이 노래로 이르리라. 내가 세상에 남에 풍파가 모질도다. 양생(養生)에 뜻을 두니 너를 외면하고 어느 것을 구하리… 이는 학문의 조숙함과는 성격이 다른 표현이라 할 수 있다. 경륜이 받침되지 않고는 쉽지않은 글이라는 말이다. 그가 다부를 지은 것이 연경(燕京:北京)을 다녀온 이듬해, 즉 25세 전후라고 보면 아무래도 격에 어울리지않는 글로 보이는 것이다. 게다가 서두에 밝히기를 …내가 차를 알지 못하고 지냈는데 육씨 책을 읽고 그 성품을 안 뒤로 마음의 보배로 삼았다… 하였으니 차를 알게 된 것 또한 얼마 되지 않아서였다 그렇다면 그의 상식은 독서(讀書)에 바탕한 것이요, 다부는 글 재주의 발휘일 뿐이다. 얼마간 차생활을 하긴 했겠지만 노래로 표현된 그의 다론(茶論)은 크게 깊이를 갖는 것이라고 볼 수는 없을 것 같다.

다만 그가 살았던 시대에 차생활이 흔하지 않았음을 느끼게는 한다. 억불숭유(抑佛崇儒)의 조정 분위기에서 생산에 대한 장려 없이 부세(賦稅)로 거두어 들이기만하여 일부 식자들이 병폐로 여겼던 사실을 한구절 드러내 보인 것도 관심을 끈다. 아울러 조선이 차를 멀리했지만 민간의 다풍은 남아있었음도 전해준다.

한편, 궁중의 차 마시는 풍습은 전혀 엉뚱한 데서 전해지고 있었다. 조정 중신들의 다풍은 고려시대보다 더 격을 갖추었던 일면도 보인다. 예로써 "다시(茶時)"라는 말은 조선시대에 만들어진 말인데 그 유속을 보자.

사헌부(司憲府:法院) 관원들이 등청(登廳)하여 회자(會座)하는 것을 다시라 하였는데, 이는 공정한 판결을 위하여 매일 일정한 시간 차 마시며 토론을 벌리는 자리였다. 이 "다시(茶時)" 기록은 태종 5년(1405) 7월 기유조에 시작하여 고종 19년 6월의 승정원 일기에까지 보인다.

다시(茶時)는 일반 선비사회에도 있었던 것 같다. 어른들이 모여 마을의 여러가지 일을 의논하는 것도 다시라고 했던 것이다. 다시는 또 야다시(夜茶時)라는 은어(隱語)를 낳았다.

재상 이하 누구든지 간사하거나 세금을 많이 거두어 백성을 착취하거나 재물을 탐내어 깨끗하지 못한 자가 있으면 여러 감찰들이 밤을 이용하여 그 사람의 집에가서, 그 탐오(貪惡)함을 논죄하고 흰판자에 적어서 대문 위에 거는 것을 야다시라 하였는데, 이렇게 한번 야다시를 당하면 형사적인 구속은 받지 않지만, 선비사회에서 명예적인 파문을 당해 다시는 의관반열(衣冠班列)에 참여하지 못하는 기물(奇物) 취급을 받았다.

이러한 풍속은 다시(茶時)를 영어로 말할 때 "Tea Time"이 된다는 데서 묘한 여운을 흘린다. 영국이 자랑하는 티 타임 역사는 1760년경, 한 공작부인이 "일상의 무기력한 기분"에서 벗어나보려는 노력으로 매일 오후 5시 차와 과자를 내놓았던 데서 시작되었다. 그것이 다듬어지고 발전하여 세계인이 선망하고 모방하는 제도로 부각되었다. 우리의 티 타임은 무려 600년의 역사를 갖고 있지만 후손도 그 사실을 모를 정도로 역사 속에 묻혀 버렸다. "단순한 휴식 이상의 기능"을 갖추고 있었음에도 불구하고 그 좋은 점을 발전시키지 못했던 것이다.

15세기 후반과 16세기는, 그렇게 우리 차문화가 쇠퇴일로를 걷던 시기였고 일본에서는 다도로 성문화된 시기였다.

차에 대한 상식이 얼마만큼 급격히 쇠퇴했는가는 임진왜란이 끝나가는 무술년 6월, 선조(宣祖)와 명장(明將) 양호(楊鎬)의 일화가 전해준다. 선조실록에 의하면 양호는 남원(南原)에 주둔할 때 품질 좋은 토산차(土産茶)를 손에 넣을 수 있었다. 선조를 접견할 때 그는 이 차를 진정(進呈)하며 아뢰기를,

"이 차는 남원에서 구한 것인데 품질이 상품입니다. 귀국에 이와 같이 좋은 차가 있는데 어찌 마시지를 않습니까?" 하였다.

이에 선조가 답하기를, 조선의 습속이 본래 차를 마시지 않는다고 하자, 양호는 다시,

"이 차를 요동(遼東)에 가져 가 팔면 10근에 은 1전을 받을 수 있으니 국익에 큰 보탬이 될 수 있습니다. 서번인(西蕃人:女眞人)은 고유(膏油)를 먹기 때문에 하루라도 차를 마시지 않으면 죽습니다. 중국은 차를 팔아서 1년에 만여필의 전마(戰馬)를 구합니다" 하였다.

선조가 또 답하기를 "이는 육안차(六安茶)의 류(類)가 아니고 작

설차(雀舌茶)요" 하고 말하자 양호는 또 말했다.

"이것도 차입니다. 조선인이 인삼차를 마시나 이것은 차가 아니고 탕입니다. 인삼차를 마시면 속이 번열(煩熱)하여져 차를 마시는 것 같이 상쾌하지 못합니다. 귀국인이 차를 마시면 마음이 열리고 기운이 나서 백사(百事)를 다 잘할 수 있을 것입니다"

양호가 이렇게 조선인의 유뢰(柔瀨)한 것을 풍자하자, 이를 귀담아 들은 선조는 며칠 후 군신(君臣)을 별전(別殿)에 불러 양호의 다풍자담(茶風刺談)을 그대로 옮기며 의견을 물었다.

"양대인(楊鎬)이 접견할 때마다, 조선인은 성품이 이완(弛緩)하여 일을 잘 처리하지 못한다고 말하더니, 전일에는 남원차 2포를 가져와 하는 말이 귀국에 좋은 차가 산출되는데 왜 음용하지도 않고 팔지도 않는가를 물었소. 그리고 덧붙이기를 귀국 군신이 차를 마시면 기운이 나서 일을 잘할 수 있을 것이라고 하는데, 군신의 의견은 어떻소?"

그러자 정탁(鄭琢)이란 대신이 아뢰기를,

"참으로 희롱하고 모욕하는 말입니다. 차를 말한 것이 아니라 조선이 일을 잘 경영하지 않음을 빗대서 한 말인줄 아옵니다. 태만한 성질이 어찌 차 마시는 것으로 고쳐질 수 있겠습니까" 했다고 한다.

이 기록만을 놓고 본다면 조선의 차 마시는 습속은 완전히 사라진 것이나 다름없다. 왕실이나 조정에서 사라짐은 물론, 점필재의 함양다원(茶園)이나 다시(茶時) 이야기도 근거를 잃고 만다. 함양다원 일화에서 임진왜란까지 약 120년이라는 공간이 있기는 하다. 약 120년 - 그 정도면 근원적인 문화 하나가 충분히 사라질 수 있는 세월일까? 과연 그 사이에 차생활 풍속이 그렇게 까마득히 사라졌 버릴 수 있는 것일까.

어쨌든 7년이나 계속된 전쟁에서 조선 천지는 크게 황폐화하고 말았다. 백성들은 도탄(塗炭)에 빠졌으며 정치 문화 경제 사상 등 각 방면에 심각한 타격을 받았다. 전화(戰禍)로 인한 농촌의 황폐, 국가질서의 문란만으로도 민심은 흉흉했는데, 그 위에 질병의 만연까지 겹쳐 혼란을 더욱 가중시키고 있었다.

여기 또 하나 감당하기 어려운 난제(難題)가 겹치고 말았다. 명(明)이 전쟁을 도와준 대가로 요구한 세폐에 조선으로서는 감당하기 어려운 많은 양의 차가 포함된 것이다. 양호(楊鎬)의 입김이 작용했을 것이었다.

조정은 어려운 상태가 되었다. 생산을 장려한 일도 없고 점차 잊혀져가던 싯점에서 차를 마련하는 일은 여간 어려운 일이 아니었다. 점필재가 했던 것처럼 늦게라도 다원(茶園)을 조성하는 것으로 대책을 삼았으면 되었을 일을 그런 쪽으로는 생각도 하지 않았다.

예나 지금이나, 정치가 순리와 상식을 존중하는 합의체일 때 세상은 평온해지는 법이다. 정치에 기술자가 있어서도 안되는 일이지만 백성을 담보로 하는 일에 임시대처라든가 오기를 부리는 일은 더더욱 해서는 안 되는 일이었다. 조정은 장기 대책은 거론하지도 않고 발 등에 떨어진 불만 우선 끄고보자는 식으로 강제를 발동하고 말았다. 야생(野生)하는 차나무가 있는 지리산 남쪽의 백성들은 특별한 고초(苦楚)를 겪어야만 했다. 남녀 노소를 가리지 않고 새벽부터 불려나가, 농사는 전폐하고 하루종일 찻잎 따기에 시달려야 했다. 견디다 못한 백성들은 이윽고 차나무가 있는 산에 불을 지르기 시작했다. 그들에게 차는 은혜의 식물이 아니라 원수 덩어리였다. 인정(人情)의 나눔이 아니라 "애물"이었다. 불을 지른 사람은 계속 붙잡혀 가 형벌을 받았지만, 백성들은 차라리 그 형벌을 택했다. 역사의 한 페이지라지만 그 정황이란 상상만으로도 얼마나 비참(悲慘)했을 것인가.

이러한 때에 허준(許浚)의 동의보감(東醫寶鑑)이 편찬되고 (선조 30년인 1597년 편집에 착수하여 1611년, 광해군 3년에 완성되었다) 차 대용음료가 성행하기 시작한다.

인삼즙·쌍화탕·결명자·율무·구기자 등등, 그때까지 약으로 전래되던 탕·즙들이 동의보감에 힘입어 차 대용음료로 백성들의 사랑을 받게되고, 본래의 차는 더욱 더 깊히 숨게 되었다.

차는 고유명사임에도, 마시는 음료의 대명사인양 오해되고, 커피도 차의 일종인양 여기게되는 "무식"은 이렇게 싹트기 시작하였다. 아무 것이나 다 차라고 불렀다. 심지어 이때 수입된 담배까지도 "연차(煙茶)"라고 부르며 나눠 피웠을 정도였다.

이같은 사실은 차생활이 얼마나 뿌리 깊은 습속인가를 극명하게 보여주는 단면일 수도 있다. 외부 조건의 변화에 따라 널리 성행하기도 하고 쇠퇴할 수 있지만, 단절될 수는 없는 토착문화임을 피부로 느끼게 하는 사례들인 것이다.

잘못 먹어 보챈 애기/작설 멕여 잠 재우고/큰아기가 몸살나면/작살 멕여 놀게 하고/엄살많은 시애비는/작설 올려 효도하고…

차와 함께 차 노래도 숨었다.

민요란 민중 사이에서 저절로 생겨나 전해지는, 민족의 정서를 가장 잘 함축하고 있는 노래이다. 저절로 생겨난 것은 또 저절로 사라질 수도 있다는 것을 뜻한다. 다만 분명한 것은 생겨나는 데는 오랜 세월이 걸리지만, 사라지는 것은 잠깐일 수 있다는 사실일 것이다.

세계로 번지는 차, 열광한 유럽인들

17세기의 1백년 동안 차는 전 유럽에 소개되었다. 물론 아메리카 대륙에도 상륙하였다. 임진·정유, 두 차례 왜란으로 조선은 피폐할 대로 피폐해진 때였다. 유럽과 미국에 소개된 차는 대체로 중국산이거나 일본산이었다. 포르투갈이 중국(明) 관군을 도와 해적토벌에 참가한 대가로 마카오(媽閣廟)에 거주할 권한을 얻어 동아시아 무역기지를 삼은 것이 1557년, 이어 일본 나가사끼(長崎)에 진출한 것은 전국시대(戰國時代) 말기에 해당하는 1570년 전후였다. 포르투갈이 진출하는 곳엔 네델란드와 영국이 따라붙었다. 포르투갈은 철저하게 선교사를 앞세웠지만 네델란드나 영국인들은 동인도회사를 통하여 무역에만 열중하는 특징을 보였다. 임진왜란때 막강한 화력을 발휘했던 포르투갈 조총이 일본에 수입된 시기도 이때였다. 바꿔 말하면 유럽인의 대항해(大航海) 시대였다.

동양의 차를 말이나 글로 전한 이는 16세기에도 더러 있었다. 이탈리아인으로서 동양의 차를 처음 모국에 소개한 이는 람지오로 알려지고 있다. 그는 "항해기집성(航海記集成1545)"에서 "가사이(支

那: 중국의 옛이름)에서는 어디서나 차가 팔리고 누구나 마시고 있다. 공복에 한두잔 마시면 열병, 두통, 위통 등의 고통을 없애는 효능이 있다고 한다. 특히 통풍에 효과가 있는데 일상에서는 과식을 하였을 때도 차를 마심으로써 소화를 돕고 있다"고 했다. 또 1560년 포르투갈의 선교사 타 구르스튼은 "가사이(支那)에서는 귀한 손님이 오면 반드시 차라고 하는 음료를 대접하는데 맛은 쓰고 색은 붉다. 차는 때로 약이 되는 음료라고 한다"고 동양의 차를 본국에 소개하고 있다.

여기서 잠시 차(茶) 자의 발음을 살펴볼 필요가 있을 것 같다. 서긍은 고려도경에서 고려 사람들은 차를 "다"라고도 부르고 "차"라고도 부른다고 하였다. 그것은 지금도 마찬가지이다. 최근 한글학회는 이에 대해 "다"는 차(茶)의 글자 음(音)이요, "차"는 뜻으로 본 관용음(慣用音)이라면서, 예외적인 경우가 있겠지만 대체로 차(茶)자가 앞에 올 때는 "다"로, 뒤에 붙을 때는 "차"로 발음하는 것이 옳다는 정의를 내렸다. (이에 근거하여 이 글에서도 차와 다를 형편에 맞게 혼용하고 있다)

같은 뜻으로 명(茗)이란 표현도 널리 사용하였는 데, 이는 한자 문화권 밖으로 나가지 않았다.

방언이 심한 중국에서도 차는 "차(Cha)" 또는 "테(Te or Toe)"로 불렸다. 복건성 발음이 차, 광동성 발음이 테 또는 떼였다. 차를 일컫는 발음은 이 네가지가 기초가 되었고, 지금도 이 네가지 범주를 크게 벗어나지 않는다. 이중 지구촌에서 가장 널리 사용되는 것은 "테" 발음이다. "테"에서 변형 "티(Tea)"가 생겨나 테 다음으로 많이 발음하게 되었다. 폴란드 등 동유럽이나 시베리아를 포함한 중앙아시아에서 아프리카까지, 또 말레이시아 인도네시아 등 서남아시아에 널리 보편화된 발음이 이 "테"인 반면 "티"는 영국 프랑스 미국

등 조금 세련된 선진국들의 발음이라고 할 수 있다. 이렇게 "티 (Tea)"로 발음하는 인구와 "테"로 발음하는 인구를 합하면 세계인의 약 70%는 될 것으로 짐작된다. 동양에서는 일찌기 발효차(醱酵茶) 만드는 제법이 발달하였고, 그 우린 물이 붉다하여 홍차(紅茶)라 이름하였는데, 유럽인들이 이 홍차에 블랙티(Black Tea)란 이름을 붙이게 된 데는 재미난 일화가 있다.

 기록상으로 유럽에 실물(實物)의 차(茶)를 최초로 싣고간 배는 네델란드 동인도회사의 상선으로 1609년 히라도항(平戶港)에서였다. 내용물은 홍차가 아닌 녹차, 즉 그린티(Green Tea)였다. 그런데, 당시의 뱃길이란 적도(赤道)를 지나 아프리카 남단의 희망봉(希望峰)을 돌고, 다시 적도를 지나 본국으로 가는 정도였다. 태양열 뜨거운 지대를 지나는 긴 항해에서, 배에 실려진 동양의 진귀한 나뭇잎은 그만 자연적으로 다 발효되어 하역할 때쯤은 새카맣게 변해 있었다.

 "이게 무슨 그린 티인가. 이건 블랙 티가 아닌가"

 상인들은 차가 다 썩었다면서 아깝지만 버리려고 하였다. 그 때 한 사람이 버릴 때 버리더라도 뜨거운 물에 우려나 보자고 나섰다. 실험하니 빨갛게 우러나는 것이 맛은 약간 떫었지만 향기도 좋고 뒷맛의 상쾌함은 이루 말할 수 없었다. 레몬을 타니 떫은 맛도 사라졌다. 사람들은 만면에 미소를 지으며 버리려던 차를 얼른 거두어 들였고 이 붉은 물이 우러나는 차에 "블랙 티"란 이름을 붙였다.

 이렇게 하여 네델란드 상선은 새카만 차를 모국에 전했는데, 그러나 마시는 분위기는 일본의 와비차(陀の茶) 그대로였다.

 …차라고 하는 기묘한 음료는 마시는 절차부터 까다로운 의례를 요구한다. 종교적인 신비성과 사회적인 윤리성이 숨어 있음에 한결

놀랍고 감동적이었다. 한 잔을 마시는 데도 특별히 만들어진 다실을 이용하고 차를 만들어낼 때는 반드시 무쇠솥이나 도자기를 이용했다. 유럽인들이 다이아몬드나 루비같은 보석에 비싼 값을 치르며 소중히 하듯, 그들은 좋은 다기(茶器) 다구(茶具)를 보물처럼 애중히 다뤘다…

 일본인들의 다회하는 풍경이 전해지자 동양문화에 잔뜩 호기심을 가지고 있던 네델란드인들은 이를 즉각 흉내냈다. 홍차로써 다도(茶道)에 열중했던 것이다. 1701년 암스텔담에서 공연된 희극 "데(Toe)에 참석한 부인들"은 당시 네델란드 귀부인들의 다회모습을 잘 묘사하고 있는데 역시 일본의 것을 그대로 모방하고 있다.

 …다회는 2시, 초대받은 손님들이 오면 여주인은 정중한 인사로써 맞이한다. 손님이 정해진 자리에 앉으면 여주인은 여러개의 자기그릇, 은그릇에 각각 다른 차를 담아 보여주며 "어떤 차를 원하십니까?" 라고 공손히 묻는다. 선택은 대개 여주인에게 일임한다. 이윽고 여주인은 그 중의 하나로 정성껏 차를 만들어 작은 잔에 조심조심 따른다…

 네델란드 귀부인들간에 유행한 이러한 방식의 다회는 점점 호화로워지면서 사회적 문제가 되기도 하였다. 부인들의 외출이 잦아지고 귀가 시간이 늦어지자 남편들은 술집으로 흘렀고, 그래서 많은 가정이 파괴되는 혼란이 차 때문에 빚어졌던 것이다. 수입된 차에는 엄청나게 비싼 값이 매겨졌지만 네델란드 상류사회는 이 차를 구하지 못해 야단법석을 떨었다. 그때까지 유럽에는 주류(酒類)와 밀크 정도가 있었을 뿐 뜨거운 음료라는 것은 전연 없었던 것이다.

아라비아의 커피가 유럽에 소개된 것도 같은 시기였다. 네델란드 상인들이 상선을 이용한 것과는 달리, 이슬람권의 커피는 아라비아 메카를 발원지로 하여 이스탄불을 경유 오스만제국의 세력확장과 더불어 유럽전역으로 전파되었다. 하지만 그 양이 수요를 충족시킬 만큼은 아니었다.

유럽인들이 뜨거운 음료에 심한 갈증을 느끼던 무렵 실크로드 - 동양에서는 이를 비단과 차의 통상로라 하여 사차지로(絲茶之路)라고 불렀다 - 를 통하여서도 중국의 홍차가 폴란드에 전해졌다. 당시 동양은 녹차(抹茶) 중심이어서 홍차는 별로 인기가 없었다. 대량의 홍차를 싼값에 사간 폴란드 상인들은, 우선 폴란드 궁정에 진상함으로써 상품의 가치를 높인 후, 포르투갈과 영국에 수출했다. 홍차는 금세 귀족사회의 인기를 차지했다. 모든 정치 이야기는 티 하우스에서 이루어졌고, 법률가·문학가·의사·성직자 등이 모두, 짙은 향기를 내뿜는 붉은빛 음료에 예찬을 아끼지 않았다.

영국인들이 차를 맛본 것은 1650년 경으로 유럽에서는 가장 늦었다. 북아메리카의 네델란드 식민지 뉴암스텔담(현재의 뉴욕) 주민들에게 차가 소개된 것과 같은 시기였다. 값이 비싼데도 인기가 높아지자 런던에는 차를 파는 가게들이 우후죽순처럼 늘어났다.

그러나 영국왕실에 차마시는 풍습을 전한 사람은 포르투갈인이었다. 찰스 2세와 결혼한 포루투갈 브라간자가(家) 출신의 캐서린 왕후로, 그녀가 영국으로 건너간 것은 1662년이다.

늦게 알았지만 영국인들은 홍차에 남다른 눈독을 들였다. "재빠른 영국인들"이라는 별명은 그냥 만들어진 게 아니다. 그들은 홍차를 보자마자 이것의 상권이 유럽의 정치 경제사회에 미칠 강대한 영향을 간파했던 것이다. 결과적으로 폴란드 상인들이 영국에 차를 전한 것은 실수가 되었다. 소량의 수출이 영국의 동양진출을 보다 본격화하게 만들어준 결과가 되었다. 유럽에 진출한 차는 이렇게 유럽 각국을 파고들며 식생활에 큰 변화를 주었고, 심한 논쟁의 대상이 되기도 하였다.

논쟁의 요지는 네델란드에서와 마찬가지로 "부인들이 차를 지나치게 애호하여 가정파탄의 원인이 되고 있다"는 것이었다. 영국 메소지도스교회는 신도들에게 "차는 건강에도 도움이 되지않고 도덕적으로도 유해한 것인만큼 마시지않는 것이 좋다"고 공개적으로 반대했다. 또 스코틀랜드의 한 의사는 1730년 발표한 논문에서 "차

의 효용에 환상적인 신뢰를 품어서는 안된다"면서 "알려진 것과 반대로 차는 사람을 우울하게 하든가 심한 불쾌증을 품게하는 유해로운 음료이다"라고 하여, 음차를 반대하는 정도가 아니라 지탄하는 내용까지를 담고 있다. 프랑스의 학자 기 파텡은 차를 가리켜 "금세기 가장 엉뚱한 물건의 하나"라고 매도했고, 영국의 헤일스 목사는 차는 해로운 것이라며 돼지새끼의 꼬리를 뜨거운 찻잔에 담그면 털이 죄다 빠져버린다는 것을 입증해 보였다.

그러나 예찬의 소리도 만만치 않았다. 영어사전을 만든 것으로 유명한 닥터 존슨은 "디텔러리 매거진"에 쓴 "건강하고 처세에 부끄러움 없는 남자의 선언"에서 "나는 지난 몇 년동안 오로지 가장 사랑하는 식물을 끓여 우린 물로 빵을 부드럽게 해서 먹는 일에만 열중했다. 나의 포트는 식은 예가 없다. 홍차로 저녁을 즐기고, 홍차로 한밤을 위로 받고, 홍차로 아침을 맞이한다"고 당당하게 노래했다.

이에 대하여 여행기로 유명한 죠나스 항웨이라는 작가는 "차에 관한 에세이"에서 "홍차는 백해무익한 것으로 나라를 가난하게 만드는 산업이다. 그리고 홍차는 국민의 미풍양속을 해친다. 호텔의 여종업원까지 홍차를 마시는데 건강한 얼굴색을 잃게되지 않을까 심히 염려된다"고 반박했다.

영국인끼리의 홍차논쟁에 종지부를 찍게 한 것은 코크레이·렛솜의 논문 "차의 의학적 성질과 끽다의 효과에 관한 고찰"이었다. 렛솜은 이 논문에서 "홍차는 너무 뜨거운 것을 마시거나 벌떡벌떡 마시지만 않는다면, 달여마시는 다른 어떤 식물보다 바람직하다고 말할 수 있다. 원기를 회복하는 효과가 있다. 사람들의 홍차에 대한 애정은 그것이 유행하고 있기 때문만은 아니다. 월등하게 좋은 맛과 향기, 효과가 높은 것이기 때문이다"고 주장했다. 이 온건한 의견이 대세의 지지를 얻으면서 홍차를 적대시(?)하는 소리는 없어지게 되었다.

미국에서는 영국에서처럼 널리 보급되지 못했지만, 그래도 역사에 뚜렷한 자국을 남기고 있다. 미국 독립전쟁을 불러일으킨 중요한 요인 중 하나가 차였기 때문이다. 1773년 12월 16일 밤, 보스톤 시민들은 차에 대한 무거운 세금에 항의하여 항구에 정박 중이던 영국 상선들을 습격, 차상자 342개를 바다에 던져 버렸다.

이 사건이 미국독립전쟁의 직접적인 도화선이 되었던 것이다. 차는 또 미국인들이 만든 쾌속범선들의 명성을 전세계에 떨치게 하는 데에도 일익을 담당했다. 이 배들은 차를 중국에서 런던의 부두로 실어 나르는 데 있어서 언제나 선두를 달렸다. 그중의 한 척인 라이트닝(번개)호는 24시간에 436해리를 항해하여 범선으로서는 역사상 가장 빠른 기록을 세우기도 하였다.

또 차는, 가장 미국적인 제도 중의 하나인 수퍼마켓의 발달에도 두드러진 역할을 했다. 수퍼마켓의 원조인 대서양태평양차회사(The Great Atlatic & Pacific Tea Company)는 차·커피·향료 등의 주요 품목을 대량으로 구입함으로써 거기서 얻어지는 이익의 일부를 소비자에게 돌려줄 수 있으리라는 전제 아래 1869년 설립된 회사였다. 이 A&P 연쇄점의 초기 사진들을 보면, 정면 입구 앞 인도 윗쪽에 T자 모양의 거대한 간판이 반드시 걸려있는데 이것은 곧 차(Tea)를 뜻하는 것이었다.

아편전쟁(阿片戰爭 1840~42)은 차 소비가 늘어나, 은과 모직물만으로는 그 대금을 치를 수 없게 되자, 인도산의 아편을 수출하기 시작한 데서 빚어진 또 하나, 차전쟁이었다.

재미있는 것은 유럽사회가 이렇게 차 문제로 갑론을박하면서도 차나무는 동아시아의 고유한 식물로서 다른 곳에서는 생육되지 않는다고 믿었던 점이다. 그것은 중국이 차산업의 노하우를 지키기 위하여 차나무 종자나 묘목의 반출을 법으로 금지하고 재배기술이나 제다법(製茶法)에 대해서도 극단의 비밀주의를 고수했기 때문이다. 엄중한 경계(?)를 뚫고 중국에서 차나무 종자와 재배기술을 빼내는 데 성공한 것은 네델란드인 야콥센이었다. 1828년부터 33년까지 중국에 잠입하기를 다섯차례, 생명의 위협을 무릅쓰고 차나무 재배에 필요한 정보 일습을 빼낸 그는 자바(Java)에 다원을 조성했다.

그러나 불운하게도 그 다원에서 차가 생산되기 전인 1823년, 영국의 탐험가 부루스가 미얀마의 오지에서 신품종의 차나무를 발견하는 바람에 야콥센의 자바다원은 빛을 보지 못했다.

아샘종(Assam種)이라 명명된 신품종은 차잎의 크기가 3배쯤 되고 열대 기후에 잘 견딜뿐 아니라 홍차로 가공했을 때 종래의 중국 홍차와는 비교가 안 되는, 뛰어난 맛과 향을 내는 우수한 것이었다.

차는 그렇게 아샘종의 발견으로부터 남방지역의 홍차와 동북지방의 녹차가 뚜렷한 구별을 갖게되는데, 이 아샘종 차나무가 대량 번식되기 시작하면서 그때까지 스리랑카를 비롯, 미얀마·인도 일대에 최대산업으로 군림하던 커피나무들이 돌연 발생한 병해로 절멸해 버리는 기현상이 벌어진다.

세계가 이렇게 좁아지면서, 동양은 서양의 영향을 받고, 서양은 동양의 영향을 받아, 사상과 생활 풍습에 일대 변혁의 회오리가 몰아치던 시기, 조선은 문을 굳게 닫고 있었다. 아니 역사에 드물게 중국과 일본에 시달리고 있었다. 임진왜란(1592)의 상처를 미처 치유하기 이전에 터진 병자호란(1636)은 조선의 기개를 꺾어놓다시피 하였다. 일부 지식층에 열린생각이 있었다 해도 중국과 일본의 경계를 넘어서지 못하는 수준이었다.

조선이라하여 서양인의 출입이 전연 없지는 않았다. 기록만을 근거해도 선조15년(1582년) 3월에 서양인 마리이(馮里伊)가 제주도에 표착했는데 곧 중국으로 압송했다 했고, 임진왜란 때는 왜군을 따라 선교사들이 들어왔었다. 히데요시는 조선을 침략할 당시 기독교도를 받아들였었다. 서양인들은 어디라 예외없이 선교사를 앞세워 상륙을 시도했고, 상륙 후 판단에 따라 무역을 하던가 식민지를 만들었다. 나가사끼가 개항된 후 제일 먼저 들어선 것도 교회였다. 선교사를 받아들여야만 총기나 화약류 수입이 가능했다.

다두(茶頭) 센리큐(千利休)의 죽음 이후 나타나는 히데요시(豊臣秀吉)의 정서불안 현상은 조선 땅에서 유례없는 살상을 저질렀다는 데서도 엿볼 수 있지만, 가까스로 철군한 직후 돌변하여 기독교 금지령을 내리고, 나가사끼에 진출해 있던 포르투갈인 선교사를 포함 600여명을 처형한 데서도 나타난다. 조선을 기습(奇襲)하는데는 성공했지만 결국에는 패퇴하고 만 화풀이를 이들에게 퍼부었던 것이다. 그것은 조총이면 모든 것을 굴복 시킬 수 있다고 했던 포르투갈인 무역상에 대한 분풀이이기도 했다. 후일 이들이 죽임을 당한 곳은 순교의 언덕으로 성지(聖地)가 되었고, 이때 순교(殉敎)한 교인 중 26명은 1862년 로마 법황에 의해 성인(聖人)의 명단에 올랐다.

세번째로 조선땅을 밟은 서양인은 박연(朴燕)이다. 인조6년(1628)에 동료 두 사람과 함께 표류하던 중 먹을 물을 구하러 상륙했다가 경주에서 붙잡힌 그는 본명이 존 웰테브레였고, 역시 기독교인이었다. 조선은 그를 왜인(倭人:日本)에게 인계하려 하였다. 그러나 일본은 이미 분위기가 바뀌어 그를 인수할만한 나라가 못 되었다. 할 수 없이 조선에 머물게 되면서 그는 박연(朴燕)이란 이름으로 살았다. 그에 의해 조선이 서양에 알려질 법도 하였지만 조선은 오히려 그가 나라의 기밀을 누설할까 감시를 게을리하지 않았다.

　네번째 나타난 서양인이 1653년의 헨드릭 하멜 일행(네델란드)이다. 그리고 그들에 의해 조선은 서양에 처음으로 소개 되었으니 1668년 첫 간행된 "하멜표류기(漂流記)"가 그것이다. 하멜은 표류기 후미에 14년 동안 조선 땅에서 보고 듣고 느낀 일들을 모아 "조선왕국견문기"라고 이름 붙였는데, 그 관찰이 매우 구체적이어서 흥미롭다.

　…코레아인은 온순하고 관대하며, 성질이 좋고 동정심(同情心)이 많다. 그리고 법률을 잘 지켜 나라 땅 어디를 가도 안전하다. 신앙은 아무도 강요하지 않고 각자의 의사에 따른다. 네델란드인들이 우상(偶像)을 노골적으로 싫어해도 문제삼는 일이 없다.

　…코레아인은 청결하고 깨끗한 것을 굉장히 좋아한다. 그들은 중국인처럼 붓으로 글을 쓰는 데 매우 잘 쓴다. 타르타리아(女眞)의 사절이 궁정에 체재하고 있을 때에 "왕국은 무엇에 의하여 수호되고 지배되는가" 물은 즉, 국왕은 "붓(筆)에 의거한다"고 답하였다.
　…남해안(南海岸)에는 양항(良港)이 있다. 그곳에는 많은 노예가 있는데, 모두 같은 나라 사람들이다. 그곳에서는 차(茶)가 굉장히 많이 산출된다. 그것을 가루를 내어 뜨거운 물을 부어서 탁(濁)하게 하여 마신다. 해안에는 바다 속에 진주(珍珠)가 있어 채취(採取)가 행해진다. 그들은 어떠한 경우에도 육지가 보이지 않는 거리로는 항해(航海)를 하지 않고, 또 배도 가벼워 그런 항해에 적합하지 않다.

　…백성들은 월식(月食)이 일어나는 것을 달과 뱀이 싸우기 때문

이라고 여긴다. 월식이 계속되는 동안 나팔과 피리를 불며 요란하게 소리를 낸다. 이상한 것은 수학(數學)이 유럽만큼 발달하지 못했는데도 월식이 일어나는 때를 정확하게 계산할 줄 안다는 것이다…

…이 나라에서는 도자기가 매우 훌륭하게 만들어진다. 일본이 특히 그들의 도자기를 귀중하게 여기는 데 수요도 많다. 그 훌륭함은 일본제를 훨씬 능가하고 있다.

…이 왕국은 온갖 과일이 매우 풍부하고 갖가지 곡식이 모두 산출되며, 특히 쌀을 많이 생산한다. 쌀은 세계에서 가장 좋은 것으로 생각되는데, 밀과 기타 모든 곡식이 다 그렇다.

…요약컨대 이 왕국은 모든 점에서 매우 유명하고 또한 사람이 필요로 하는 것이 모두 풍부하다.

하멜 일행은 이외에도 조선의 산물 - 특히 인삼(人蔘)과 같은 자연산물 - 과 화폐제도를 논하고, 군신 관계, 형벌제도 국민정신 등을 보고 느낀대로 전하고 있다.
그러나 아쉽게도 그들의 눈에 비친 조선은, 중국과 일본의 틈바구니에서 한창 시달리는 모습이었고, 그래서 중국과 일본 양 쪽에다 조공을 바친다는 따위 기술이 곳곳에 들어있게 되었다. 차 산출은 많다고 했으나 백성들이 차를 즐겨 마신다는 표현은 없다. 차생활 풍속 역시 깊히 숨어버린 때였던 것이다.

혜장선사와 다산 정약용

 그렇게 역사 속에 숨어버렸던 차는 1804년 강진에서 아암 혜장선사와 다산 정약용(1762~1836)에 의해 그 이야기를 다시 잇게 된다.
 1800년, 현명한 임금이던 정조(正祖)가 승하하고 둘째아들 순조(純祖)가 11세로 즉위하자 세상은 일순간에 벽파(酸派) 천하로 변해 버렸다. 당시의 당파는 크게 시파(時派)와 벽파(酸派)로 갈라져 있었는데, 시파는 정조의 아버지 사도세자를 옹호한 측이었고, 벽파는 그를 죽음으로 몰아넣은 측이었다. 종래의 노론·소론·남인·북인 하는 사람들도 제각기 갈라져 시파거나 벽파 어느 편인가에 속해 있었다.
 영조(英祖)는 만년에 이르러 아들 죽인 것을 후회하고, 정조가 대를 이으면 연산군 때와 같이 피를 흘릴 것을 염려하여, 틈 있을 때마다 손자에게 그런 일이 없도록 간곡히 타일렀다. 덕분에 정조는 아버지의 죽음이 가슴에 맺혔으나, 사감(私感)보다 국가를 생각하는 현명한 길을 택할 수 있었다. 그래서 정조(正祖1777~1800) 때에 벽파도 명맥을 유지할 수 있었는데, 그러나 조정에 중용됨에 있어서는 아무래도 시파가 유리했다.

　시파는 진취적이어서 서학(西學:天主敎)도 받아들이자는 편이었다. 당시 북경에는 이미 주교가 있었고, 따라서 서학은 북경을 경유해 조선에 전파되고 있었다. 상대적 소외감을 느끼던 벽파는 여기 반대하면서 점점 골수 수구파(守舊派)로 변질해 갔다.

　정조는 어느 쪽에도 기울지 않으려고 애썼다. 서학이 전통 사상에 위배된다하여 한두번 문제삼은 일은 있지만 만년에는 임금의 입장에서 오히려 관심을 보였었다. 때문에 그가 좀 더 오래 살았다면 조선은 그때 서양문물을 받아들여 개화했을지도 모르는 일이었다. 그러나 정조는 1800년 49세를 일기로 병으로 승하했다. 병도 대단한 것이 아니고 등에 종기가 난 것이어서 침으로 터뜨려 고름을 짜내면 되었을 것을 임금의 귀한 몸에 쇠붙이를 댈 수 없다하여 약으로만 치료하다가 악화돼 그만 운명하고 말았다.

　이에 순조(純祖1801~34)가 11세로 왕위를 계승하니, 영조의 계비 정순왕후(貞純王后)가 대왕대비로 섭정을 하게 되었는데, 그의 친오빠 김귀주(金龜柱)가 곧 벽파의 두령(頭領) 격이었다. 자연히 세상은 일순간에 수구파, 즉 노론계통의 벽파 천하가 되어버렸다.

　순조1년(1801) 1월 11일, 사학금령(邪學禁令)을 신호탄으로 천주교도 일제 검거가 시작되었다. 이는 실제에 있어서 천주교 탄압보다 시파에 대한 보복 성격이 강했다. 2월 16일 이승훈 · 최필공 · 홍교만 · 홍낙민 · 최창현 등 천주교의 지도자들은 서소문 밖에서 목이 잘리고, 이가환 · 권철신 등은 고문을 못이겨 옥사했다. 피의 숙청은 계속되어 시파의 명망있는 사람들은 전멸할 상태였다. 사도세자의 혈족과 그에 동정한 사람들까지 죽이거나 귀양보냈으니 사도세자의 서자 은언군과 그의 부인 송씨, 며느리 신씨가 사약을 받은 것도 이때였다.

서학에 심취했던 정약용 일가도 이때 풍비박산(風飛雹散)되었다. 세째 약종은 장살(杖殺) 당했고 둘째 약전과 함께 넷째였던 정약용은 투옥되었다. 정약용 만은 그 학문을 아껴, 벽파 사람도 일부 석방하자고 하였으나 대세에 밀려, 그는 경상도로, 둘째 약전은 전라도 신지도로 귀양을 갔다.

그런데 그해 가을 황사영(黃嗣永) 백서사건(白書事件)이 터졌다. 혹독한 천주교 박해사실의 전말보고와 그 대책을 흰 비단에 기입한 밀서를 북경의 주교에게 전하려다 붙잡힌 것이다. 황사영은 맏형 약현의 사위로 정약용에게는 조카사위였다.

정약용 형제는 다시 서울로 붙들려 가 혹독한 고문을 당한 뒤 약전은 흑산도로, 약용은 강진으로 귀양을 갔다. 그것이 모두 1801년, 한 해에 벌어진 일이었다. 정약용의 강진 초기생활은 말할 수 없이 비참했다. 주거는 동문 밖 한 칸방으로 제한되었고, 외부인의 출입은 일체 금지되었다. 감시를 위해 담장도 허물어 버렸다. 그러나 아이들은 기웃거렸고, 차츰 글을 가르쳐 달라고 조르게 되었다.

정약용은 아이들에게 글 가르치는 것이야 어떠랴 싶어 이를 받아들였다. 손병조·황상·황취·황지초 등 네 명의 마을 소년이 처음으로 그에게 글을 배웠다. 마을 사람들은 "저 놈들, 큰 일 저지를 놈들" 하며 수근 거렸지만 그들은 놀랍게 빨리 글을 익혀갔다. 정약용은 천자문(千字文)도 새로 만들었다. 하늘 천 따 지, 검을 현 누루 황은 뒤로 돌리고 "아버지 부 어머니 모, 형님 형 아우 제"하는 식으로 아이들이 배우기 쉽게 만들어 가르쳤다. 마을 사람들은 차츰 그의 깊은 학식과 인품을 알게 되었다.

정약용은 아이들 가르치고 남는 시간엔 주역(周易)에 몰두했다. 밥을 먹으면서도, 이불 속에서도 주역만 생각했다. 정조의 두터운

신임 속에 부승지(副承旨)·형조참의(刑曹參議)까지 올랐다가 하루 아침에 사형대 앞에 서야했던 기구한 운명의 수수께끼를 스스로 풀어보고 싶었던 것으로 보이는데, 이것이 뒷날 다산역(茶山易)으로 발전하게 된다.

세월이 흐르면서 정국은 변화를 맞는다. 수렴청정(垂簾聽政)하며 천주교 퇴치를 빙자해 시파의 인사들을 온통 불행의 구렁으로 몰아넣은 정순왕후가 4년 후 수렴청정을 폐하더니 이듬해 1월 죽은 것이다. 이미 유명을 달리한 사람까지 돌아올 수는 없었지만 귀양살이는 다소 완화되었다. 정약용의 경우도 인근 산책은 가능해졌다. 그것이 1805년이었다.

만 4년, 갇혀 지내던 생활에서 조금은 자유를 얻은 정약용에게 하루는 노인이 찾아와, 만덕산(萬德山) 백련사(白蓮社) 주지가 한 번 찾아주기를 원한다는 말을 전한다. 정약용은 날을 잡아 백련사를 찾았다. 주지 혜장(惠藏)은 만경루(萬景樓)에서 다산을 맞았다. 강진만이 훤히 보이는 누각이었다.

"여지승람에 이르기를, 남쪽은 바다에 임해 있고, 골짜기엔 송백(松栢)이 울창하고 동백이 또한 곁들여서 창취(蒼翠)가 사시(四時) 여일(如一)하다더니 과연 절경입니다"

죄인이라 이름을 밝힐 수 없는 정약용은 그렇게 정중히 인사했다. 혜장은 빙그시 웃었다.

"뿐입니까, 천태종의 법맥을 잇고자 실천중심의 수행인들이 백련결사(白蓮結社)를 맺은 곳이기도 합니다. 일곱 국사(國師)를 배출한 수도도량(修道道場)이옵지요"

"곧 여덟 국사의 도량이라 불리우게 되겠군요"

"무슨 말씀이시온지…"

"깊이 듣지 마십시오. 느낌을 말한 것 뿐입니다"

"……"

혜장은 이때 차를 권했다. 두 사람의 화제는 불교(佛敎)에서 주역(周易)으로 옮겨지며 그치지 않았다. 날이 저물어질 무렵에야 마지못해 정약용은 자리에서 일어섰다.

"잠자리를 지켜야 하는 죄인의 몸이 오늘은 유난히 한스럽습니다"

"동감입니다. 하오나, 또 오시면 되겠지요"

"입 안이 이리 향기로운 것도 처음입니다. 다음에도 차를 주시겠습니까?"

"언제나 그렇게 하겠습니다. 그러나 입 안이 향기로운 건, 차 때문이기보다 좋은 말씀을 많이 주신 까닭일 것입니다"

"내일 어떻게 될지 모르는 몸, 언제 다시 뵙게 될지…"

"역(易)에 밝으시니 다음 만날 때를 익히 아시겠지요. 순리에 따르겠습니다"

밤길을 걸어 강진으로 돌아온 정약용은 혜장을 잊을 수 없었다. 당시 혜장은 34세, 정약용은 44세였다. 10년이 아래였지만 문제될 것이 없었다. 외로운 적거(謫居) 생활에서 진실함과 학식을 겸비한 혜장을 만난 것은 반가움을 넘어 충격이었다. 자정이 넘도록 뜨거운 가슴을 억누르지 못해 잠을 뒤척이고 있을 때 그는 인기척을 느꼈다. 벌떡 일어나 문을 여니, 뜻밖에도 문 앞에 혜장이 서 있었다. 두 사람은 서로를 끌어안고 눈물을 흘리며 반가워 했다. 이것은 강진 땅에 구전(口傳)으로 전해지는 이야기인데, 정약용이 차를 아는 것이 이 때이며, 조선의 차 이야기가 다시 이어지는 것 또한 이때, 여기에서이다.

혜장과 정약용의 만남은 두 사람 모두에게 행운이었다. 혜장은 역(易)에 관심이 깊어지던 터에 스승을 만난 것이고, 정약용은 혜장으로 인해 차와 불교에 심취하게 된다. 정약용은 특히 차의 세계에 있어서만큼은 혜장을 임금님(?)처럼 여겼다.

정약용은 혜장의 성품이 의외로 급한 것을 알고, 노자(老子)의 가르침 중 "부드럽기를 어린아이 같이 하라"를 인용하여 아암(兒庵)이란 아호를 지어주었다. 혜장은 정약용에게 국법(國法)이 허용하는 범위 내에서 다소나마 편히 지낼 수 있는 곳을 마련해 주었다. 동문 밖 한 칸방을 떠나 강진읍 뒤 고성사(高聲寺)의 암자(庵子)로 옮겼는 데 정약용은 그 거처를 보은산방(報恩山房)이라 이름 지었다. 혜장은 이 보은산방에 제자를 보내 상주하게 하면서 차 시중이며 잔심부름을 돕게 하였다. 제자는 "색성"이었는데 그때 이미 방대한 화엄경 공부를 마치고 겸하여 두보(杜甫)의 시를 통독한 정도였다.

정약용이 뒷날 회고한 바에 의하면 차를 만드는 솜씨가 뛰어났고, 고적함을 잘 위로해 주었다고 한다.

그해 겨울에는 이런 일도 있었다. 혜장이 육우(陸羽)의 다경(茶經) 3편을 빌려주니 정약용은 여러날에 걸쳐 이를 심독(心讀)했다. 다경을 다 읽고 난 정약용은 새로운 기분으로 색성을 불러 차 마시기를 원했다. 그런데 마침 보은산방의 차는 바닥나고 없었다. 색성은 미안해 하며 말했다.

"백련사에도 차가 동이 난듯 합니다. 지난 해 한파가 심해 생산이 적었던 탓입니다"

"그런가…"

잠시, 만덕산을 바라보며 혜장을 생각하던 정약용은 빙그시 웃으며 붓을 들어 소(疏) 한 편을 단숨에 썼다. 소란 임금에게 써 올리는 글이거나, 죽은 사람을 위하여 부처 앞의 명부(冥府)에 아뢰는 글을 말하는 데, 정약용이 혜장에게 보낸 소는 그런 것이 아니었다.

다산초당 뒤편의 천일각. 구강포 강진만이 한 눈에 들어오는 이곳에서 다산은 혜장을 못 잊어 했다.

차 좀 보내달라는 내용의 걸명소(乞茗疏)였다.

    나그네는 근래 차 버러지가 되었으며,
    겸하여 약으로 삼고 있소.
    차 가운데 묘한 법은,
    보내주신 육우 다경 3편이 통달케 하였으니
    병든 큰 누에는 마침내,
    노동(盧仝)도 남긴 일곱째 잔을 마르게 하였소.
    정력이 쇠퇴했다 하나 기모경의 말은 잊지 않았고
    막힘을 풀고 흉터를 없애기 위해서는
    이찬황의 차마시는 버릇을 얻었소
    아아, 윤택할진저 -
    아침에 달이는 차는 흰 구름이 맑은 하늘에 떠있는듯 하고,

낮잠에서 깨어나 달이는 차는
밝은 달이 푸른 물 위에 잔잔히 부서지는듯 하오.
다연(茶碾)에 차 갈 때면 잔구슬처럼 휘날리는 옥가루들
산골의 등잔불로서는 좋은 것 가리기 아득해도
자주빛 어린 차순 향내 그윽하고,
불 일어 새 샘물 길어다 들에서 달이는 차의 맛은
신령께 바치는 백포의 맛과 같소.
꽃청자 홍옥다완을 쓰던 노공의 호사스러움 따를 길 없고
돌솥 푸른 연기의 검소함은 한비자에 미치지 못하나
물 끓이는 흥취를 게눈 고기눈에 비기던
옛 선비들의 취미만 부질없이 즐기는 사이,
용단봉병 등 왕실에서 보내주신 진귀한 차는 바닥이 났오.
이에 나물 캐기와 땔감을 채취할 수 없게 마음이 병드니
부끄러움 무릅쓰고 차 보내주시는 정다움 비는 바이오
듣건대 죽은 뒤, 고해의 다리 건너는 데 가장 큰 시주는
명산의 고액이 뭉친 차 한 줌 몰래 보내주시는 일이라 하오
목마르게 바라는 이 염원, 부디 물리치지 말고 베품 주소서.

 걸명소를 받아 본 혜장은 도저히 그냥 있을 수 없어 부처님께 올리고자 특별히 남겨둔 비상차를 보내 주었다고 한다.
 정약용이 소(疏)라 한 것은 장난으로 볼 수도 있다. 하지만 장난으로 보기에는 그 내용이 너무나 정성스럽고 간절하다. 정약용이 혜장을 차의 임금님으로 여긴 것은 마음에서 우러나는 정이었다.
 본원유학(本源儒學)에 기반을 두고 유형원(柳馨遠) 이익(李瀷)을 통해 내려온 경세치용적 실학사상을 계승한 정약용이기에, 그의 글과 시는 언제나 다분히 현실적이지만, 이 걸명소에서는 그러한

리얼리즘을 찾아볼 수 없는 점도 특이하다.

그는 이미 꽃청자 홍옥다완을 쓰던 당(唐)의 시인 노동(盧同)과 그의 칠완다가(七碗茶歌)를 알고 있었고, 또한 당의 재상을 지낸 한림학사(翰林學士) 이덕유(李德裕:이찬황)의 차마시는 버릇에도 익숙해 있었다. 육우 다경 3편을 심독했으며 제실어용(帝室御用)의 차였던 용당봉병(龍團鳳餠)을 거론하는 등 역사와 상식에 훤한 상태였다.

그는 부승지(副承旨)로 정조를 보필(輔弼)한 일이 있으므로, 중국 사신 접대에 부족하지 않을 정도 차에 대한 상식을 갖고 있었는지 모른다. 그러나 그가 혜장을 만나기 이전에 차를 거론했던 흔적이 없다는 점을 감안할 때 정약용이 차를 알게 된 것은 이때 즉 1805년이 맞을 것이다. 그렇다면 그는 차를 안지 불과 몇 개월 지나지 않아 걸명소와 같은 글을 지어낼 수 있을만큼 차에 몰두했다는 이야기가 된다. 그리고 그에게 상식을 줄만큼 차에 관한 서적이 고성사와 백련사에 있었다는 이야기가 된다.

여기에서 하나 짚고 넘어가야 할 것은 다신전(茶神傳)·동다송(東茶頌)을 남겨 한국의 다성(茶聖)으로 칭송되는 초의(草衣)와의 관계이다. 일각에서 "다산이 초의에게 차를 배웠다"고 하는데, 정약용이 혜장에게 걸명소를 보낼 무렵에는 다산(茶山)이란 아호도 쓰지 않을 때였고, 초의를 만나기도 전이었다. 더구나 초의는 1786년 생으로 당시 이십 세에 불과한 나이였다. 두 사람이 알게 되는 것은 초의가 간청하여 다산에게 경학(經學:孔孟의 도를 연구하는 학문)을 배우면서부터인데 이것도 몇 년 후의 일이다. 따라서 다산이 초의에게 차를 배웠다는 이야기는 근거가 없음을 알아야 한다.

보은산방에서 겨울을 보낸 정약용은, 이듬해 강진읍 내에 있는 이학래(李學來)의 집으로 옮겼다가 2년 후 다시 강진 남쪽 귤동(橘

洞)으로 거소를 옮겼다. 주민들이 그에게 거소를 제공한 이유는 아이들 교육 때문이었다.

귤동은 해남 윤씨의 마을이었는데, 인연을 따지자면 정약용의 어머니가 윤두서(尹斗緖)의 손녀로, 해남 윤씨였다. 해남 윤씨 마을은 18명 아이들 교육을 위해 정약용을 원했다. 귤동은 풍치가 뛰어난 곳이었다. 뒤로는 만덕산이 솟아있고 앞으로는 구강포 푸른 물결이 휘감도는 곳이었다. 마을 사람들은 차나무가 많아 다산(茶山)이라 부르는 마을 뒷산에 초당(草堂)을 짓고 그곳에 정약용을 모셨다. 혼란의 불씨였던 정순왕후가 죽은 뒤 정국이 점차 안정을 찾아가면서 그 정도 거소를 옮기는 일은 관에 신고하는 것만으로 가능했다.

그것이 1808년 봄이었다. 정약용은 다산의 초당으로 옮기면서 생활에 안정을 얻기 시작했다. 열여덟 제자와 더불어 강학(講學)으로 날을 보냈다. 혜장과의 우정도 더욱 깊어졌고 차의 세계에도 더 깊히 심취되어 갔다.

죄인이라 이름을 쓸 수 없기에 마을 사람들은 그를 "다산(茶山)에 사는 정씨(丁氏)" 혹은 "정다산(丁茶山)"이라 불렀다. 이에 정약용은 다산(茶山)을 아예 자신의 아호(雅號)로 삼기 시작했다.

다산의 빛나는 저술활동은 대부분 이곳 다산초당에서 이루어 졌다. 그러나 처음부터 저술에 힘쓴 것은 아니었다. 처음에는 제자들 가르치는 일에만 힘썼고, 초당 앞에 차 맷돌과 부뚜막을 만들어 차 생활로 심성을 달래며 시를 읊조리는 정도로 조용하게 생활했다.

벽돌 포개어 만든 부뚜막
이화(離火) 손풍(巽風)의 괘효를 닮았구나
차는 익어가고 동자는 조는데

간들간들 솟는 연기만 푸르구나

  그는 초당 옆에 연못을 파고, 가운데 섬을 만들어 나무를 심었다. 물을 끌어다 작은 폭포도 만들었고, 초당 뒤 바위에는 정석(丁石)이라 각(刻)을 하며, 이름 새길 수 없는 한을 시로서 달랬다.

죽각(竹閣) 서쪽 머리 돌병풍 이뤘으니
부용(芙蓉:연꽃) 주인은 내일런가 하노라.
미노(米老)는 절할 때 오만함 경계했고
도잠(陶潛)은 취하여 자던 곳 잊었거니
전래(傳來)에 잠긴 우혈(禹穴) 찾을 길 없는 터에
어찌 구구하게 이름까지 새겨두랴

  어느 날은 마을 사람에게 차 한 봉지를 얻었다. 그는 그 기쁨을 이내 시로 적었다.

아곡(鴉谷)의 새 차 복스럽게 돋는 때에
차 한 포를 마을에서 얻었네
제천의 수질이 그리 맑다기에
한가로이 은병에 넣어 맛을 시험하네

  이러한 시에서 눈여겨 볼 점은, 다산(茶山)의 차생활이 이때 이미 선인(仙人)된 풍모(風貌)를 보이고 있다는 점이다.
  여기서 우리는 초의(草衣)의 동다송(東茶頌)에도 관심을 가져볼 필요를 느끼게 된다. 다산은 그 싯점에서는, 이제까지 알려진 바 가장 우뚝한 다인(茶人)이었다. 그는 우리 차를 노래한 동다기(東茶記)를 저술하였으며, 다암시첩(茶含詩帖)·다신계절목(茶信契節目)

외에 걸명소(乞茗疏) 등 47평의 다시를 남겼고, 경세유표(經世遺表)와 상토지(桑土誌)에는 차나무 재배법까지 상세히 적어 놓았다. 그리고 직접 다원(茶園)을 가꾸었던 흔적도 있다. 그가 다신계 계사(契事)를 위해 남겨둔 보암 서촌의 밭은 그가 손수 가꾸던 다원이었다.

그런데 유감스럽게도 동다기(東茶記)만은 전해지지 않고 있다. 초의의 글을 통해서 동다기가 있었다는 사실만 확인될 뿐이다. 그런 가운데 초의의 동다송이 있는 것이다. 초의의 업적을 낮추려는 의도는 없지만 다산의 동다기가 동다송에 영향을 주었을 것으로 짐작되는 부분은 많다. 그렇다면 그 영향이 어느 정도일까, 직접 두 책을 놓고 비교해보고 싶어지는 것이다.

동다송이, 초의가 스스로 흥취(興趣)가 나서 지은 것이 아니라 거역할 수 없는 한양 선비의 청에 의해 지은 글이었다는 점에서 관심은 더욱 깊어진다. 그의 또 하나 업적인 다신전도 - 말미에 스스로 밝힌대로 - 다도(茶道)를 알고자 하는 사람들 때문에 만보전서(萬寶全書)에서 등초(謄抄)한 것임을 상기할 필요가 있지 않을까. 다산은 경학에 있어 초의의 스승으로, 동다기를 저술할 바로 그 무렵 문하생이었다.

초의는 무안 출신으로 15세 때 강변에서 놀다가 탁류에 떨어져 다 죽어가던 때 부근에 있는 스님이 건져주어 구사일생 살아났다. 그 승려가 출가할 것을 권하여 이듬해인 16세 때 운흥사(雲興寺·쌍계사의 말사)에서 벽봉선사에게 수계(受戒)하여 중이 되었다. 대둔산(大屯山) 대흥사(大興寺)로 옮긴 것은 뒤의 일이었다. 이러한 초의가 정약용을 처음 만난 것은, 정약용이 거소를 다산 초당으로 옮긴 다음 해, 즉 1809년이었다. 다산이 해남 대흥사(大興寺)에 들렸을 때 초의는 그곳에 있었는데, 다산이 경학의 대가 임을 전해들은 초의는 미리 장문의 시를 지어 정약용에게 바치면서 가르침 받기를 청했던 것이다. 이를 계기로 초의는 다산에게서 경학을 배운다. 그런데, 이 무렵 초의가 차생활에 관심을 가졌다는 흔적은 어디에서도 찾아볼 수 없다. 본인의 문집에는 물론, 주변 사람들 기록에도 없다. 차 뿐 아니라 다른 기록에도 초의는 없었다. 다산문하에서 공부하였으나 다신계절목의 제자 명단에도 없고, 혜장의 제자까지 거명되는 자리에 역시 초의는 없는 것이다. '왜 초의의 이름이 있을만한 곳에 없느냐'는 뒤에서 다시 살펴보기로 하자. 세월은 물같이 빠르게 흘렀다.

슬프구나, 연잎이 때 되어 물을 뚫고 나왔으나, 붉은 꽃봉오리 피지는 못했네.

두 해 뒤인 1811년 아암(兒庵) 혜장(惠藏)이 죽었다. 그렇게 아끼고 의지하던 혜장의 갑작스런 죽음은 다산에게 너무나 큰 충격이었다. 내면의 불같은 성질을 부드럽게 하라며 아암(兒庵)이라 아호까지 지어주었음에도 불구하고, 혜장은 끝내 어린 날의 판단 잘못으로 중이 된 것을 한탄하다가 술을 폭음한 것이 화근이 되어 배가 부어서 죽었던 것이다. 다산은 제자를 시켜 제물을 올리게 하고, 손수 지은 제문을 읽으면서 혜장의 영혼을 위로했다.

슬프구나, 연잎이 때 되어 물을 뚫고 나왔으나
붉은 꽃봉오리 피지는 못했네…
작은 청개구리 푸른 잎에 올라
종일토록 얌전히 앉아만 있네

다산초당으로 옮긴 이후 정약용은 한동안 자신이 귀양생활을 하고 있다는 사실조차 잊을 정도로 심신이 여유로왔다. 그러나 혜장이 죽으면서 고독이 다시 엄습해 왔다. 혼자 남은 자신의 초라하고 나약한 모습이 연못에 비쳐지고 허공에도 아른거렸다. 어둠 속에서는 더욱 뚜렷하게 다가왔다. 혜장은 다산에게 있어 벗이자 은혜요 의지였던 것을, 그 의지(依支)를 잃은 탓이었다.

혜장을 잊으려 초당 앞에 또하나의 초당(西庵)을 지었다. 그러나 잊혀질리 없었다. 다시 뒤편 기슭, 구강포가 한눈에 들어오는 곳에 루각(樓閣)을 지었다. 강진만이 한 눈에 들어오는 백련사 만경루만은 못했지만, 그런대로 혜장을 추모(追慕)하는데는 부족함이 없었다. 다산은 이를 별이 모이는 집이라하여 취성재(聚星齋)라 했다. 잊으려 하기보다 차라리 혜장을 생각하는 것이 편했던 것이다.

혜장 입적(入寂) 이후 한동안 다산은, 이 취성재를 떠나지 않으면서 구강포를 오르내리는 범선만 바라보았다.

　한 점 연기 돛대에 아롱지고
　갈매기 떼는 갔다가 돌아오네
　배에 앉은 자 한가롭게 보이지만
　내 마음 한가함에 따라올 수 있으랴.

　그는 초당 앞 연못에 여러 종류의 고기를 살게 하면서 주변에 돌난간을 만들고 또 꽃나무를 심었다. 초당 마루에 앉아 차를 마시며 연못 속의 고기 노는 모습을 물끄럼이 보다가 붓을 잡기도 했다.

　고기는 자연 속을 노닐고
　늙은이는 그 자연을 보고 있네
　사랑스런 연못 빛깔
　돌난간 위가 온통 그윽하구나

　다산은 이때 처음 자신을 늙은이로 표현했다. 50세… 세월이 그렇게 흘렀는가. 차와 더불어 마음 가는대로 유유히 시간을 보냈던 정약용은 혜장을 잃은 뒤로 더욱 허전해 졌다. 유배지의 고독과 인생의 무상함이 못견디게 가슴을 파고들때면, 그 설움을 북녘 하늘을 향해 토해내곤 했다.

　타향이 내 땅 아니란 말 나는 못 하네
　즐거이 이 평화로운 곳에 선인되어 남으리

이윽고 다산은 모든 것을 잊고 저술에 전념하니 다산초당은 다산학(茶山學)의 산실로 그 모습을 일신하게 된다. 그의 저술 중 주역사전(周易四箋)만은 이학래의 집에 있을 때 탈고하였으나, 상례사전(喪禮四箋)을 비롯하여 시경, 춘추, 논어, 맹자, 대학, 중용, 악경, 경세유표, 목민심서 등은 모두 이때 이후 다산초당에서 저술되었다. 후일 귀양에서 풀려 고향 마재에서 저술한 것까지 합하면 그가 남긴 저술은 무려 500권에 이르는데 그중 대표적인 것은 모두 이때 - 혜장 입적 후 고적함을 이기지 못해 저술에만 전념했던 결과라 할 수 있다.

이 과정에서 그는 전통적인 정주학(程朱學)에서 탈피하여 독자적인 학문의 위상을 정립하면서, 성리학이나 훈고학, 문장학, 과거학, 술수학 등은 현실이탈뿐 아니라 수사학적(洙泗學的) 본원유학(本源儒學)의 정체를 가리는 것이라며 철저히 배격하게 되었다. 그런 한편에선 유형원(柳馨遠), 이익(李瀷)을 통해 내려온 경세치용적 실학사상을 계승하고, 여기에 북학파(北學派)의 이용후생(利用厚生) 사상을 수용하여 실학을 집대성하기에 이르른다.

그의 이러한 저술 활동과 철학 완성에 차의 향기가 흠씬 배어있음은 굳이 강조하지 않아도 느낄 수 있을 것이다.

다산의 강진 생활은 순조 18년 9월 18일로 정리된다. 이태순(李泰淳)의 상소로 자유를 찾고 복권이 되었다. 39세에 죄인이 되어 경상도로 갔다가 다시 강진으로 와서 18년. 57세에야 다시 이름 두 자를 말할 수 있게 되는 것이다. 살펴보면 이상하다싶을 정도로 정약용에게는 18이라는 숫자가 여러번 따라다닌다. 위에 적힌 것 외에, 다산초당에서의 제자도 18명이었고 그가 사면된 해도 1818년이었다. 정약용의 강진생활이 마무리 되는 때에 제자들은 다신계(茶信契)

를 만들었는데 그 전문도 흥미롭다.

    1818년 8월 그믐날 의논하다.
    귀한 사람들은 신의가 있다. 모여서 서로 즐기다가 흩어진 뒤에 쉽게 잊는다면 금수와 무엇이 다를까보냐. 우리들 열여덟 사람은 1808년 봄부터 오늘에 이르기까지 형제처럼 모여 살면서 글을 읽었다.
    이제 스승께서는 북녘으로 돌아가시고 우리들은 별처럼 흩어질 터이니, 이것으로 서로를 잊고 생각지 않는 이별을 삼는다면 어찌 방정맞지 않을손가. 지난 해 봄 우리들은 이 일을 미리 염려하고 계(契)를 세워서 돈을 모았다. 사람마다 한 냥을 낸 것이 이자가 생겨서 지금은 35냥이 되었다.
    보암 서촌의 밭은 스승께서 손수 일구시던 밭이다. 북녘으로 가시기에 방매하려 하나 팔지 못하고 있다. 이에 우리들은 35냥의 돈을 여행 장비에 넣어드렸고, 스승께서는 서촌의 밭을 다신계 일에 쓰도록 미루어 둠으로써 우리의 믿음을 지속하는 밑천으로 삼게 하셨다…

    밭이라 했지만 보암 서촌의 땅에는 차나무가 심어져 있었던 것으로 보인다. 따라서 뒤의 절목(節目)에서는 차를 어떻게 만들고 나누라는 내용이 대부분이다. 하긴 그래서 다신계라 이름하였을 것이다.
    다신계에는 모두 18명의 제자 이름이 적혀있는데, 그러나 앞에서 말했듯 여기 초의(草衣)는 없다. 다른 기록에 초의는 1815년 쯤 해남을 떠나 전국을 돌아다니다가 3년 후 불국사에서 득도(得度)하였다 하였고, 다시 돌아다니기를 계속하다 1921년 전후 대흥사에 돌아온 것으로 보인다. 다신계에는 강진에서 가깝게 지낸 모든 이의 이름이 들어있다. 혜장의 제자들까지 거명하고 있는데 초의만 없는 것이 필시 여행 중이었던 때문인지는 모른다. 다신계 후미의 약조(約條)는 다산의 글이다.

　…신유년(1801) 겨울 강진에 유배되어 동문 밖 술집에 붙어 살았다. 을축년(1805) 겨울 (혜장의 배려로) 보은산방으로 옮겼으며 병인년(1806) 가을에는 읍내 이학래의 집으로 옮겼다가 무진년(1808) 봄 다산초당으로 옮겼으니 읍내에서 8년, 다산에서 10년을 살았다.
　처음 이곳에 왔을 때 주민들은 나를 두려워하여 문을 찢고 담을 허물면서 감시하기를 게을리하지 않았다. 뒤에 닥칠 환난을 우려하여 더 그랬을 것이다. 이런 때 나를 도와준 사람은 윤씨, 손씨, 황씨 등 네 사람이었다.
　다산(茶山)에서의 여러 사람들은 이러한 두려움이 가라앉은 후에 알게된 사람들이다. 읍사람들을 어찌 잊을손가, 이제 다신계 법을 세우면서, 후일 증거를 삼기 위하여 읍사람 여섯을 계원으로 적으니 모두 다신계 일에 호응하여. 같은 마음으로 이를 관리하기를 바란다.
　▲입하 뒤 잎차와 떡차를 읍내에 보내면, 읍내에서 유산(酉山)에게 보내도록 한다 ▲상강 뒤에는 무명과 비자(榧子)를 같은 방법으로 보내도록 한다 ▲다신계 논밭에 부속의 착오나 수습의 산락(散落)같은 일이 생기거든 계원은 즉시 읍내에 가서 말하고, 읍내에선 이를 보살핀다. ▲수룡과 체경도 차밭의 연고자들이다. 다신계 논밭의 세곡은 계원들이 의논 선처하여 묵혀 거칠어지는 폐단이 없도록 하여야 한다.

　다산은 여기 덧붙이기를 "매년 청명·한식에 모든 계원이 다산

초당에 모여 계사(契事)를 치루는데, 이 때는 반드시 운(韻)을 내서 시(詩)를 짓고 연명으로 글을 써서 유산에게 보내도록 한다. 곡우 때 딴 어린 차는 덖어서 엽차(葉茶)를 만들고, 입하 때 딴 늦은 차로는 병차(餠茶)를 만들어 여기 시와 서찰을 동봉해서 보내라"고 하였고 "가을 국화가 피는 시절에도 초당에 모여 시를 지어 보내라"고 했다. 그리고 "만약 봄에 차 따는 노역에 빠지는 계원이 있다면, 돈 5전을 내서 마을 청년에게 대신 일을 시키도록 하라"고 하였다. 그리고 다산은 정든 다산초당과 강진을 떠났다. 떠나면서 다산이 강진에 남긴 훈도는 차를 마시면 흥하고 술을 가까이 하면 망한다는 "음다흥·음주망(飮茶興·飮酒亡)"이었다. 제자들은 스승이 남긴 자상한 훈도를 잊지않았다. 그러나 다신계가 언제까지 지켜졌는지는 알려지지 않고 있다.

　사면과 복권으로 귀양에서 풀려난 다산 정약용은 다시 승지(承旨)에 올랐으나, 기해사옥 때 배교(背敎)한 것을 스스로 뉘우치고 물러나, 고향으로 돌아가 다시 저술에만 전념했다. 흠흠신서와 상서고훈 등을 마저 지어 6경 4서와 1표 2서를 완결지었다. 그는 1836년 75세를 일기로 큰 인생을 마감했다.

　후일 위당(爲堂) 정인보(鄭寅普)는 이르기를 "선생(茶山) 1인에 대한 고구(考究)는 곧 조선사의 연구요, 조선 근세사상의 연구요, 조선 심혼(心魂)의 명예(明峙) 내지 전 조선 성쇠존망에 대한 연구"라고 까지 말하며 그의 학문·저술에 깊은 경의를 표하였다.

　사족을 붙이면 다신계에서 자주 거명되는 유산(酉山)은 다산의 큰아들 학연(學淵)이다. 또 운포(耘逋)는 둘째아들 학유(學游)로 훗날 농가월령가의 작자이다. 다산은 15세때 풍천 홍씨를 취하여 6남 3녀를 두었으나 4남 2녀는 요절하고 학연, 학유와 서랑(壻郎) 윤창모가 남았을 뿐이다. 두 아들은 아버지가 귀양살이 하던 다산초당을 왕래하던 중 초의와 인사를 나누었다. 초의가 후일 추사 김정희나 해거도인 홍현주 등 한양의 지체높은 선비들과 교유(交遊)하게 되는 것은 이들 형제와의 인연 덕분이다. 유산은 초의보다 두 살이 위였고, 운포와 초의는 동갑이었다. 추사 역시 운포·초의와 동갑이었다.

1979년, 한국차인회와 해남차인회에 의해 복원된 대흥사 일지암

추사 김정희와 초의 의순

 다산이 강진을 떠나면서 조선의 차 이야기는 추사 김정희와 초의선사에게 넘겨진다. 이는 생활문화가 특정인이나 시대에 의하기보다 대지, 즉 토양에 뿌리를 두고 있음을 말해주는 좋은 예가 아닌가 싶다. 다인으로서 선인의 풍모를 보였던 정약용이지만 강진을 떠난 이후 그에 의한 차 이야기는 슬그머니 자취를 감추고 만다.
 이조판서 김노경(金魯敬)의 부인 유씨는 임신 24개월만에 사내아이를 출산하니 이름을 정희(正喜)라 지었다. 하도 오랜만에 낳아 필시 기형일 것을 염려했는데 바르게 태어나 기쁘다는 뜻이었다. 정희는 박제가(朴齊家) 문하에서 수업하였는데, 박제가는 규장각이 신설되었을 때 검서관(檢書官)에 뽑혀 승문원 이문학관(承文院 吏文學官)을 겸했던 실학파 북학(北學) 계열의 인물로, 시문과 서화에도 능한 문사(文士)였다. 특히 규장각 신설 때는 정약용과 더불어 낮과 밤을 보낸 고우(故友)였다. 김정희의 인생에는 이 박제가의 영향이 컸다.
 그는 1786년에 태어나 1814년 문과에 급제하였으니 입신도 늦은

편이었다. 그러나 부친의 사랑이 커서 아버지는 김정희를 어디든 데리고 다녔다. 순조5년인 20세 때에는 동지사(冬至使)로 청(淸)에 가는 아버지를 따라 연경(燕京:北京)에도 갔는데, 이때 당대 거유 (巨儒)로 명성을 떨치던 완원(阮元) 옹방강(翁方綱) 조강(曹江) 등과 알게 되었고, 아울러 차생활의 진수를 접하게 되었다. 완원은 김정희의 필치(筆致)가 뛰어남을 보고 자기가 지은 소재필기(蘇齋筆記)를 초(抄)해서 김정희에게 선물하기까지 하였다. (소재필기는 전서(篆書)와 예서(隷書)의 내력을 고증한 책이다. 후일 김정희가 고증학자·금석학자·서도가 등으로 이름을 남기는 데는 이들의 영향이 적지 않다.)

귀국 후 그는 고증학의 도입을 시도하면서 많은 친구들에게 차 마시기를 권하며 스스로를 승설학인(勝雪學人)이라 하였다. (승설은 중국차 이름의 하나) 그는 완당(阮堂), 추사(秋史), 예당(禮堂), 시암(詩庵) 등 많은 아호를 사용한 인물로도 유명한데, 승설(勝雪)은 초기에 즐겨 사용하던 호였다. (이 글에서는 추사로 통일하기로 한다).

추사와 초의가 처음 만난 것은 이 무렵, 그러니까 1816년 전후로 유산과 운포의 주선에 의해서였다. 따라서 추사가 초의에게 차를 배웠다는 것 또한 잘못된 주장이다. 이 무렵 쌍계사 만허스님으로부터 직접 만들었다는 차를 얻자 "그 절묘한 제다 솜씨, 용정 두강(頭綱)보다 낫네"라고 한 것으로 보아도 추사의 차생활은 중국에서 이미 영향받은 것임을 알 수 있다.

다산 초당에서 인사를 나눈 유산이 상경한 뒤 초의에게 서한을 보내 한 번 다녀갈 것을 권유했고, 이에 한양을 방문한 초의는 남문 밖에 머무르며 유산과 초의를 중심으로 많은 선비들과 교분(交分)을 맺었다. 후일 이조판서를 지낸 학고도인(鶴皐道人) 윤정현

(尹定鉉)과의 만남도 이 때의 일이다. 그러나 이들이 무엇을 주제로 서로 만나고 소개하고 교분을 맺었는지 구체적인 것은 알 수 없다. 한양에 왔던 초의가 떠나면서 학고도인에게 올린 글을 보면 "허술한 차림의 일납(一衲), 다시 남쪽으로 갑니다. 좀더 오래 받들지 못하고 총총 떠나가게 되어 한탄스럽습니다"는 간결한 내용뿐이다. 윤정현은 7년 연하였는데, 무엇을 왜 받들었는지도 알 수 없다. 다만 이때 한양 선비들 사이에선 초의가 차 산지인 해남에 산다는 데 큰 관심을 가졌던 것 같다.

전국을 두루 돌고 해남에 돌아온 초의는 봄이면 차를 만들어 추사와 유산에게 보내 주었다. 매년 잘 하다가 어떤 해 게으름을 피우면 추사는 신랄하게 다그치는 편지를 썼다.

…행다(行茶) 때가 되면 어김없이 과천정(果川亭)과 열수장(烈水庄)으로 새 차를 보내더니 금년에는 곡우(穀雨)가 지나고 단오(端午)가 가까워졌는 데도 두륜산(頭輪山) 납자(衲子)는 소식조차 없으니 어찌된 일인가. 신병(身病)이라도 난 것인가. 말 꼬리에 매달아 보낸 것이 도중에 떨어진 것인가, 아니면 유마송(維摩頌)에 열중해 계절 분간도 못하게 되었는가. 만약 더 지체하면 마조(馬祖)의 갈(喝:욕질)이나 덕산(德山)의 봉(棒:몽둥이)으로 그 몹쓸 게으름을 징계하고 원인을 다스릴 터이니 이쯤에서 그대 깊이깊이 깨닫게나…

한 뒤에 추사는 "차 빨리 보내기를 거듭거듭 당부하네"하고 덧붙였다.

과천정은 추사의 집이요, 열수장은 한강변 집으로 유산이 아버지(茶山)를 모시고 살던 곳이다. 당시 초의가 어떤 이유로 매년 때만

되면 차를 올려보냈는지 역시 알 수 없다. 다만 차를 선물받아서 기쁘다거나 감사하는 내용은 전연 없는 것으로 보아 초의가 자진해서 선물한 것 같지는 않다.

차나무 있는 곳에 초의가 살았고, 그래서 추사는 초의에게 차 양식을 의존했던 것 같은데, 그 요구가 너무 당당하기만 한 것은 왜였을까. 우정이 돈독한 나머지 격의(隔意)없이 적은 글이었다고 볼 수도 있겠으나, 다산이 혜장에게 보낸 걸명소나 이규보가 노규선사에게 차를 선물받고 흔열함을 이기지 못해 답했던 시에 비교하면 추사의 글은 너무나 그 내용이 도도(?)하다. 고맙다는 이야기는 한마디도 없는 것이다.

어쨌든 그렇게 추사와 유산에게 보내진 차는 한양 선비들에게 널리 퍼졌다. 차를 나누는 자리마다 초의 이야기가 전해졌고, 이에 초의는 본인의 뜻과 상관없이 '다승(茶僧)'이라는 명성을 갖게 되었다.

상황이 이쯤되니 초의도 점차 차에 관심을 갖지 않을 수 없었다. 많은 사람들이 다도를 알려고 초의를 찾아왔다. 이에 그는 다신전(茶神傳)을 펴낸다. 스스로 표현한 그대로 "총림(叢林)에도 조주풍(趙州風)이 있어 다도를 알고자 함에, 중국의 역사 서식 오락 풍속 명구 해몽 복서(卜筮) 등을 망라한 만보전서(萬寶全書)에서 차 부분을 초출(抄出)하여 따로 엮으니 그것이 다신전(茶神傳)"인 것이다. 모두 22개 항(項)으로 되어있는데 요약하면 다음과 같다.

…채다(採茶)는 시기가 중요하고, 조다(造茶)는 정성을 다해야 한다. 또 저장(貯藏)은 요령을 잘 지켜야 한다. 차의 품질이 좋고 나쁨은 물을 끓인 뒤 차를 넣을 때 시작되는 데 물이 노수(老水)가 되지 않게 해야 하며, 불을 잘 다뤄야 한다. 색의 맑고 흐림은 물과

불의 영향이다. 차를 넣는데는 순서가 있고 마시는 규범(規範)을 지켜야 한다. 차는 그 스스로 참된 향과 색과 맛을 지니고 있으니 조심을 게을리하여 오염되면 곧 참됨을 잃는다. 변질된 차는 마셔서는 안된다. 또 차는 물의 신(神)이요 물은 차의 몸(體)이니, 진수(眞水)가 아니면 다신(茶神)이 나타나지 않고, 진차(眞茶)가 아니면 수체(水體)와 조화를 이룰 수 없다. 다구는 차의 성품을 해치지 않는 것으로 선택해야 하며 차 마신 전후에는 세마포(細麻布)로 씻어 청결하게 하여야 한다. 이것으로 다도(茶道)는 완수되는 것이다…

초의가 대흥사 사찰 내 유천(乳泉)이 솟는 곳에 한 암자를 짓고, 일지암(一枝庵)이라 이름지은 것이 41세 때(1826)이고, 다신전을 초출(抄出)한 것은 43세 때(1828)인데, 이를 정서하여 한 권의 책으로 엮은 것은 45세(1830) 때이다. 후미의 글을 보자.

…무자년(戊年子) 어느 비오는 날 스승을 따라 지리산 칠불아원(七佛啞院)에 이르러 이 책자를 등초(謄抄)하여 내려왔다. 곧바로 정서(正書)하여 한 권의 책으로 엮고자 하였으나 몸이 괴로워 뒤로 미루었다. 사미승 수홍이 시자방에서 노스님 시중을 들고 있었는데, 다도를 알고자 하여 다시 정초(正抄)를 시도하였으나 역시 몸이 괴로워 끝을 맺지 못하고 그대로 두었다. 뒤에 좌선하면서 틈틈이 붓을 들어 완성하였다. 시작이 있으면 끝도 있어야 함이 어찌 군자의 일이기만 하겠는가. 총림(叢林)에도 조주풍(趙州風)이 있어 이제껏 알지 못했던 다도를 탐구하고자 함에 외람되이 옛글에서 초하여 보인다.
경인(庚寅) 중춘(中春), 눈서린 창가에서 화로를 안고 삼가 씀…

조주는 다도(茶道)의 깊은 뜻을 널리 편 당나라 때 고승이다. 조주풍이란 다도를 알고자 찾아오는 사람에게 한결같이 "끽다거(喫茶去)"로 응한 것을 말한다. 후기의 내용으로 보아 아마도 초의는 이 다신전을 등초하면서, 비로소 차 세계의 깊이를 느낀 것 같다. 다신전에 이어서 6년 후에는 정조(正祖)의 사위인 해거도인(海居道人) 홍현주(洪顯周)의 청탁을 받고 동국(東國)의 차(茶)를 노래하는 "동다송(東茶頌)"을 지어 다서(茶書)의 불모지에 빛나는 업적을 남기게 된다.

후황(后皇:하느님)께서 귤(橘)의 덕을 지닌 가수(嘉樹)를 전하니
옮겨서 살지 못하는 명(命)을 받아 남쪽에서만 자라네
부드러운 잎, 싸락눈 내리는 겨울에도 그 푸르름 거뜬하고
서리에 씻긴 하얀 꽃, 신선의 살결처럼 희고 맑은데
염부주(閻浮洲) 단금(檀金)같은 고운 열매도 맺혀있네,
밤이슬에 씻긴 벽옥(碧玉)같은 푸른 잎
아침 안개 자욱한 속 지저귀는 푸른 새의 혀와 같아
사람 신선 귀신 모두 애중(愛重)하게 여기나니
그 성품의 기이하고 절묘함을 누가 감히 의심할까.

일찍이 맛 본 염제(炎帝:神農氏) 식경(食經)에 기록하여
제호 감로와 함께 그 이름 전하니
뉘라서 족히 알랴, 그 빛깔과 향기와 그리고 맛을.
그 참됨 완전케 하려는 도인(道人)의 맑은 욕심 있었으니
일찌기 몽산(蒙山) 정상에 올라가 손수 가꾸기도 하였다네
건양 단산 벽수 등등 물맑은 고장에서 생산되는
천하 일품 중에 운간월(雲澗月)이 있는데

우리나라 차가 이와 본질이 같아
색향기미(色香氣味) 일체가 한가지이니
육안차(陸安茶)의 맛과 몽산차(蒙山茶)의 약효를 겸하고 있어
마른 나무에 싹이 나듯 늙은이를 젊게하는 신험이 빨라
팔십 노인 얼굴에 복숭아꽃 피게 하네
내게 유천(乳泉)있어 그 물로 수벽(秀碧) 백수탕(百壽湯) 만드니
이것을 어떻게 그대로 남산의 해옹(海翁)에게 전할 수 있을까.
또한 구난(九難) 사향(四香)의 그윽한 묘용(妙用)을
어찌 가르치랴, 옥부대(玉浮臺)에서 좌선(坐禪)하는 무리여.

보아라, 신령스런 뿌리 신령스런 산에 의탁하였나니
선풍(仙風) 옥골(玉骨)이 절로 특별할 것이로다,
푸른 싹(綠芽) 자주빛 순(紫荀)이 운근(雲根)에서 자라
철철 넘치는 맑은 이슬 흠뻑 마시니
어린 움 찧는 삼매(三昧)의 손에 기이한 향기 피어나네
그 가운데 현묘(玄妙)함 표현하기 어려우니
참된 것은 가르치는 일도 어렵구나
체(體)와 신(神)이 온전하다 할지라도 불 다룸이 염려되니
중정(中正)을 지키면 건강과 신험을 함께 얻는다.

옥화(玉花) 한 잔 기울이니 겨드랑이에 솔솔 바람 일어
몸 가벼이 하늘로 오를 것 같네
밝은 달 다가와 촛불되고 겸하여 벗도 되고
흰구름은 자리되고 아울러 병풍도 되네
대숲에 이는 솔바람 소리에 모든 게 시원하니
맑고 서늘함 뼈 속까지 스며 마음 깨워주네

아아, 오직 흰구름 밝은 달 두 분이 손님이니
도인(道人)의 자리 이만하면 족하지 않을까.
초의(草衣) 녹향연(綠香煙)에 싸여 자욱한 향기 마시니
곡우(穀雨) 전 어린 움 새의 혀(禽舌)인양 미동(微動)하네
어찌 단산(丹山)의 운간월(雲澗月)만 손꼽힐손가
잔에 가득한 뇌소(雷笑)는 천수(千壽)를 가약(可約)하네

동다송, 해거도인 명으로 지음. 초의 사문 의순 지음
(東茶頌, 海居道人命作 艸衣沙門意恂)

초의의 동다송이 특히 빛나는 것은 당시의 다인들이 이구동성 "우리나라 차는 중국의 차에 미치지 못한다"고 했던데 반해, 우리 차의 품격이 더 우월함을 상기시켜 준데 있다. 그리고 마시기만 했던 문사의 노래가 아니라, 차를 직접 만들어 온 선사(禪師)의 글이기에 더욱 값진 것이다.

차만 그런 것이 아니라 수질도 어느 곳에 뒤지지 않는다면서, 이러한 자연 천수가 동차(東茶)의 효능을 더욱 높여준다고 하였다. 그리고 육우(陸羽)나 이찬황(李贊皇) 같은 뛰어난 다인이 옆에 있다면, 반드시 나의 말이 맞다고 할 것이라며 자신있게 말했다. 우리 차야말로 "차중의 차"라고 노래했던 것이다.

초의가 동다송을 지은 4년 뒤인 헌종 6년, 추사는 죄인이 되어 제주도로 유배되었다. 아들과 함께 능지처참을 당한 윤상도(尹尙度)의 옥(獄)에 관여한 죄였다. 이때쯤 초의와 추사의 교분이 얼만큼 깊어졌으리라는 것은 추측으로도 가능할 것 같다. 초의의 제자 소치(小癡)가 추사문하로 옮겨 본격적인 서화수업을 받는 것이 제주도로 유배되기 직전의 일이었다. 그 후 이들이 제주도를 자주 찾

았음은 물론이다. 소치는 우리나라 남종화의 시조가 되었으며, 그 줄기는 미산(米山), 남농(南農)으로 이어졌다.

초의도 제주도를 찾았다. 제주도에 가서 추사와 함께 지내면서 다원도 조성하고 참선법도 가르쳐 주며 유배지의 외로움을 위로했다. 제주목사와 어울려 망경루에서 시 짓기를 즐긴 흔적도 있다.

추사의 차시는 20여수가 전해지는데 대개 유배지에서 지은 것이다. 애송되는 것은 "정좌처다반향초 묘용시수류화개(靜座處茶半香初 妙用時水流花開)"이다. 이 시에서 다반향초는 그 뜻을 번역하기가 매우 어렵다. "차는 반쯤인데 향기는 처음과 같네" 정도로 읽는 사람도 있고, "차가 익기 시작하니 향기 피어나네"로도 해석한다. 뒤의 해석이 제법 부드럽게 다가온다.

고요한 자리 차 반쯤 익으니 향기 피어나네
시간도 멎은 곳에 물은 흐르고 꽃은 피네

초의는 58세 때에 일지암에 귀향하여 줄곧 그곳에서 살았다. 추사 김정희가 71세(철종 7년)로 별세하자 정의를 못잊어 비장할만큼 애절한 제문을 올렸고, 그 10년 뒤인 1866년(고종3년) 81세를 일기로 입적(入寂)했다.

차는 인류의 벗으로 반만년의 역사를 가지고 있다. 하지만 8세기 육우(陸羽)가 다경(茶經) 3편을 남김으로써 비로소 존재의 빛을 갖추기 시작했다. 그는 그 공적으로 육자(陸子)로 불리우며 공맹과 격을 같이하게 되었다.

조선에는 늦게나마 초의가 있어 동다송으로 우리 차를 노래하였으니 그를 한국의 다성(茶聖)으로 받드는 것이 어색할 이유는 없다. 그러나 다산과 그의 두 아들 쌍정(雙丁), 추사와 그 주변의 선비들과 교유했던 사례 외에 그가 특별히 다도에 심취했던 흔적은 없는 것이 아쉬움을 준다. 시문에 능했음에도 생활이나 마음에서 저절로 우러나 지은듯한 감동적인 표현은 드문 것이다.

그가 만년에 기거했던 일지암(一枝庵)은 후세 다인들에 의해 "성지(聖地)"가 되어, 순례(?)의 발길이 오늘도 이어지고 있다. 초의선사 추모제도 매년 이곳에서 열리고 있다. 선사가 41세 때 일지암을 결암하고 스스로 만족해 했던 노래에 일지암의 모습은 잘 담겨있다.

연기도 안개처럼 가로눕는 이곳에 오랜 인연 있어
병발(瓶鉢)의 어설픈 세간살이, 석가래 몇 개로 떠 받쳤네
돌 털고 흙 파낸 곳에 물 고여(沼) 하늘 생기고 달 잠기니
속 빈 나무 길게 이어 백운천(白雲泉) 끌었네
이제, 향보(香譜)에 새로 올릴 영약(靈藥) 찾으면서
때로 원기(圓機:敎法)에 연하고
묘련(妙蓮:부처님說敎)도 펴려하네
눈 앞 가리는 꽃가지들 조심조심 자르니
모습 드러내는 산봉우리들, 저녁 노을에 아름답네…

손탁의 커피하우스와 다모쓰의 '조선의 차와 선'

혜장(惠藏)과 다산(茶山)에 의해 다시 등장한 차 이야기는 유산(酉山) 운포(耘逋)에게로 내려와 추사(秋史)와 초의(艸衣), 해거(海居), 학고(學皐)도인 등으로 동호인을 늘려가며 다시금 이 땅에 문화로 피어날 듯 했다.

그들은 하나같이 당대 판서 승지를 지냈거나 임금의 부마 등으로 큰 영향력을 가진 문사들이어서, 마음만 먹었으면 차 산업을 일으킬 수 있고 부흥시킬 수도 있었을 것이다. 그러나 어찌된 영문인지 그 기운은 조짐으로만 끝나고 말았다. 다산이 가꾸던 차밭이며, 추사와 초의가 만든 제주도 다원을 보면, 그때 쯤은 여러 사람이 생산에도 관심을 가졌던 것 같은 데, 그러나 그들의 관심은 그저 동호인끼리나 즐겼던 정도로 끝나 버렸다. 왜일까. 다공(茶貢) 제도가 백성의 원성을 사던, 그런 때였기 때문이었을까. 개화기 차생활의 그림자는 무학재 밖 홍제원(弘濟院)에 끽다점이 생겨 서북에서 걸어오는 객들의 휴식처 구실을 하는 정도가 고작이었다.

초의가 입적한 해(1866)는 병인년으로 "병인양요(丙寅洋擾)"가 일어난 해였다. 조선에 들어온 천주교는 신유사옥(1800)으로 한번 큰 환난을 겪었으나 이때에 와서 천주교는 다시 신자를 늘려가고 있었다. 고종 3년으로 대원군 섭정시대였다. 천주교를 묵인하던 대원군이 이 해에 돌변하여 천주교 탄압령을 내리고 무려 8,000여명의 신자를 일거에 죽여 버렸다. 간신히 탈출한 리델 신부는 중국 천진에 주둔하고 있던 프랑스 극동함대에 대학살을 알렸고, 프랑스 함대는 조선 정벌을 결의했다.

이 사실이 청을 통해 대원군의 귀에 들어오자, 조선 내의 천주교 탄압은 더욱 심해졌다. 이 해 9월 프랑스 전함 3척은 리델 신부와 조선인 3명의 안내로 인천 앞바다를 거쳐 서강나루까지 처들어 왔다.

조선은 힘들게 이들을 물리치긴 하였으나, 그러나 이 사건으로 새롭게 열강의 주목을 받는 나라가 되고 말았다. 독일 러시아 미국 일본 등은 틈만 보이면 다가와서 힘으로 통상을 요구했다. 일본이 어느 나라보다 집요했다. 10년 후인 1876년, 조선은 더 버티지 못하고, 그만 힘에 밀려 한일수호조규(병자수호조규)에 조인하니, 이후 조선 땅은 순식간에 외세가 회오리치는, 열강의 각축장이 되고 말았다.

차 이야기는 다시 숨어버렸다. 신유사옥과 더불어 다시 피어났던 차 이야기가, 병인양요로 사라지게 되는 것은 무슨 역사의 아이러니일까.

그 무렵 우리나라에 커피가 들어왔다. 첫 선을 보인 것은 1885년 경으로 프랑스 여성 손탁(Sontag)에 의해서였다. 그녀는 소설 "마지막 수업(授業)"의 무대로 유명한 알자스·로렌(Alsace·Lorraine)지방 태생이었다. 그녀는 때로 독일인 행세를 하기도 했는데, 이는 그 지역이 프랑스와 독일 사이 분쟁지역으로서 서로 빼앗겼다 탈환하기를 반복했기 때문이다.
　그녀는 러시아영사의 처형(妻兄), 즉 러시아 영사의 가족 일원으로 한국에 왔다. 동생이 중국 천진에 근무하던 러시아 영사 웨벨과 결혼하였는데, 1885년 웨벨이 한국으로 전임됨에 따라 함께 온 것이다. 고종 22년의 일이요, 그녀의 나이 32세 때였다. 손탁은 아름다운 용모, 부드러운 태도에다 음악과 미술에도 재능이 뛰어나 당시 서울 주재 외교관들 사이에 평도 좋고 인기도 있었다.
　당시 조선의 궁중은, 몇 해 사이에 갑자기 서양사람이 많아져 이들 접대나 의전 문제로 두통을 앓고 있었다. 이러한 때에 웨벨이 부임하면서 민비에게 손탁을 소개했다.
　민비는 손탁을 접견한 뒤 그녀에게 궁중 내에서의 외국인 접대를 맡기게 되었다. 손탁은 임무에 충실한 틈틈이, 서양에 대해 별로 아는 것이 없는 민비에게 풍속, 습관에서부터 그림, 음악, 요리에 이르기까지 자세하게 알려주었다. 창덕궁 안의 서양식 응접실, 실내장식 등이 모두 손탁의 지휘로 이루어졌고, 서양 요리가 본격 도입되면서 커피도 들여왔던 것이다. 민비는 손탁을 무척 아꼈다. 민비가 친로파(親露派)로 성격지어지는 데는 손탁의 영향이 적지않았다. 만약 민비가 좀 더 오래 살았다면 조선의 진로는 지금과는 다른 모습이 되었을지 모른다. 그러나 민비는 1895년, 일본인들에 의해 시해되고 말았다. 일본은, 조선 진출에 우위를 차지하기 위한 전쟁이었던 청일전쟁에서 승리한 기분에 들뜬 나머지, 하늘을 거역하는 잔학한 일을 저질렀다. 일본 입장에서 청 다음의 상대는 러시아였다. 청을 이긴 김에 아예 친로책을 강경하게 주장하고 있는 민비를 제거함으로써 "검은 야욕(野慾)"을 백일하에 드러낸 것이었다.
　조용한 아침의 나라에 갑자기 휘몰아친 외세 바람은 조선 조정을 당황하게 했다. 각 처에서 의병이 일어나고 중신들은 더욱 친로

손탁호텔은 현 이화여고 안에 있었다. 건물은 없어지고 표지석만 남아있다.

성향으로 기울게 되었다.

1897년(고종34년) 고종은 조선왕조가 살아있음을 보여주기라도 하려는 듯 국호를 대한제국으로 고치고, 연호를 광무(光武)라 했다. 그러나 갖은 방법을 다해 조선을 유린하려고 작정한 일본의 모사는 거침없이 계속되었다. 98년 2월 흥선대원군의 죽음에 이어 8월에는 독다(毒茶) 사건까지 터졌다. 변혁의 소용돌이 한 가운데서 고종(高宗)은 손탁이 타 주는 커피를 즐겼는데, 하루는 그 커피에 누군가 독을 탄 것이다. 다행히도 고종은 커피가 이상하다고 마시지 않았다. 그러나 그냥 마신 태자(훗날의 순종)는 그 자리에서 토하며 쓰러졌다. 하마터면 고종도 당할 뻔 한 일이었다.

조정이 발칵 뒤집혀 수사를 벌린 결과 러시아어(語) 통역관 출신인 김홍륙(金鴻陸)이 꾸민 일이라하여 그 일당이 처형되었다. 그러나 그에게는 고종을 시해하려들만한 동기가 없었다. 결국 독다사건의 진상은 미궁에 빠진 셈으로 지금까지도 밝혀지지 않고 있다. 당시의 정세로 보아 진짜 범인들은 따로 있어, 러시아 관련자들에게 누명을 씌웠던 것으로 보인다. 태자는 이 사건으로 인하여 건강에 치명적 손상을 입었으며, 특히 이가 다 빠져 평생을 틀니로 생활해야 했다.

민비를 잃은 손탁은 그 발랄하고 재능많은 매력을 발휘하지 못하고 쓸쓸하게 지냈다. 일본인들이 러시아를 우습게 여기며 기세부리는 것도 그녀에게는 아픔이었다. 그녀는 조선을 제3의 조국이라 했을만큼 조국과 러시아 다음으로 사랑했다. 특히 민비로부터 총애를 받았던 이상으로 민비에게 의지했다. 그러나 민비는 가 버리고 러시아 세(勢)는 일본에 밀리고 있었다. 그녀는 우울해질 수밖에 없었다. 그 모습을 측은히 여긴 고종은, 정동 29번지의 왕실 소유 대지 184평과 집 한 채를 하사했다. 경운궁 건너편이었는데, 외교관들의 집회소 구실을 하던 집이었다. 청일전쟁 뒤에는 미국이 주축이 되어 조직한 정동구락부(貞洞俱樂部)로 사용되고 있었다.

손탁은 1902년 10월, 그 집을 헐고 이층 양옥(洋館)을 지어 "손탁호텔"로 경영하였는데 2층은 귀빈 객실, 아래층은 보통 객실과 식당, 커피하우스를 꾸미니, 이것이 우리나라 최초의 커피하우스다.

이토(伊藤博文)가 조선에 왔을 때 이 호텔에 숙박하였으며, 러일전쟁 때는 윈스턴 처칠(W.Churchill)이 하룻밤 묵어가기도 하였다. 이 건물은 1917년 이화학당이 사들여 교실과 기숙사로 사용하다가 22년 이를 헐고 프라이홀(Frey Hall)이라는 붉은 벽돌의 3층 건물을 새로 지었다. 1905년 10월 노·일 전쟁에서 이긴 일본은 그 기세로 11월 제2차 한일협약, 즉 을사조약을 추진했다. 그리고 1910년에는 한일합방 조약을 완성(?)했다. 이후 조선은 35년 동안 일본의 지배 하에 들어가게 되었고 차생활 문화는 지방과 산골로 꼭꼭 숨어 버렸다. 차생활의 뿌리는 깊으나 문화로 다듬지 못한 우리에 비해, 일본의 다도는 그 뿌리야 어떻든지 간에 문명국의 상징으로 자라나 있는 때였다. 그런 일본이 조선 국토까지 강점하게 되었으니, 명맥뿐인 조선의 차를 무시한 것은 자연스런 일일 수 있었다.

이후 우리 나라에는 차생활은 고사하고 차 자체를 모르는 인구가 늘어나게 되었다. 커피도 차의 일종이라는 혼돈이 일반화되어간 것이다. 반면 일본은 차를 세계에 수출(?)하며 아울러 다도를 대표적 문화로 내세웠다. 다만 한국에만은 들여오지 않았다. 벼룩도 낯짝이 있다는 속담처럼 우리가 근원을 캐기 시작하면 복잡해질 것을 경계한 때문이었을지 모른다.

덕분에 한국은 "차의 세계에서만큼은 철저하게 무식한 사회"가 되어갔다. 1930년대 사람들은 모든 마시는 음료를 통칭하는 단어가 "차"라고 여기게 되었고, 심지어 쥬스 코코아까지도 차의 일종으로 여기는 상식이 보편화 되어갔다. 그런 가운데 일부에서는 커피에 대한 기호도를 높혀갔다.

1914년 문을 연 조선호텔에서도 커피를 팔았다. 이어 청목당, 금강산 등이 생겨났고, 1930년 초에는 종로 2가에 멕시코 끽다점이 문을 열었는데 간판으로 큰 주전자를 내걸었지만 커피를 팔았다. 런던의 모자점이 큰 모자를, 장갑 가게가 큰 장갑을 내걸었던 것을 모방한 것이었다. 또 지금 프라자호텔 자리에 "낙랑"이라는 끽다점이 생겨 공예가 이순석(李順石)씨가 경영했고, 소공동에는 유치진(柳致眞)씨가 "플라타누"를 개설, 음악을 들려주며 커피와 홍차를 팔았다. 명동의 제일다방은 당시 경성일보 기자가 부업으로 했던 것인데 조선에서 "다방"이란 단어를 처음 사용한 끽다점이었다. 서울역 앞의 "돌체"는 고전음악을 들려주는 음악다방의 원조였다.

발 빠른 일본인은 한일합방과 더불어 한국에 진출했다. 이때 오사끼(尾崎)라는 한 일본인이 현해탄을 건너왔다. 광산을 개발하겠다고 온 그는 그러나 무등산 증심사 주변에서 야생하는 양질의 차나무를 먼저 발견했다. 그는 조선의 차를 추적했다. 그 결과 사찰 주변에 다촌(茶村)이 번성했었던 사실을 알아냈다. 그는 목적을 바꿔 무등산에 주거를 마련하고 이 일대를 임대해 다원으로 가꾸었다. 그리고 나주 불해사(佛海寺), 장흥 보림사(寶林寺)에도 손을 뻗어 다엽(茶葉) 채취권을 독점한 뒤 곧 차 생산을 기업화 했다. 그는 큰 돈을 벌고 성공했다. 그가 만든 차는 일본에 공급되어 최상품으로 품질을 인정받았다. 이때 오사끼가 경영한 무등산 차밭이 광복

후 의재(毅齋) 허백련 화백이 춘설차(春雪茶)를 만들어 낸 삼애다원(三愛茶園)이다.

오사끼(尾崎) 이후 조선의 차에 관심을 갖는 일본인들이 생겨났다. 조선의 차 산지와 음다 풍속을 책으로 엮어내기도 하였다. 그들은 한결같이 놀라움과 의문을 동시에 나타냈다. 조선에 품질좋은 차가 있는 사실에 대한 놀라움이요, 그런데 왜 조선에 차생활 습속은 없느냐는 의문이었다.

일본인으로서 조선의 차에 가장 관심을 보였던 이는 "조선의 차와 선(朝鮮の茶の禪)"을 공동 저술한 이에이리 가즈오(家入一雄)와 모로오까 다모쓰(諸岡·存1879~1946)였다. 현지 조사나 자료 수집은 가즈오가 했지만 내용은 다모쓰의 의도대로 만들어졌기에 보통은 모로오까 다모쓰의 저서라 하기도 한다. 유명한 온천지 사가현(佐賀縣)이 고향인 그는 나가사끼의 미션스쿨인 스틸 칼리지(東山學院)에서 공부한 뒤 구주대학(九州大學)의과를 졸업, 진화론(進化論)과 신경학(神經學)을 연구했는데, 그가 차에 관심을 갖게된 것은 2년간의 영국 유학이 동기였다.

…영국인들은 노련한 솜씨로 세계 각지의 문물을 수집하고 있었다. 특히 이상한 것은 영국에서는 나지도 않는 차를 아침 저녁으로 마신다는 사실이었다. 그들은 인도산 아편을 중국에 팔아 얻은 은으로 차를 사서 마셨다. 차 마시는 풍습이 도시 농촌 가릴 것 없이 전국에 퍼져 생활의 중심을 이루고 있었다. 시내에는 도처에 찻집이 있을 뿐만 아니라, 어떠한 행사에도 차 세레모니를 곁들이고 있었다. 차를 확보하기 위해 인도에는 중국산 차나무를, 실론에는 미얀마의 차나무를 심어 대단위 다원을 만들어 놓기도 하였다. 호기심이 일어 역사를 연구해보니 앵글로 색슨 족의 문명이라는 것이

차가 수입되면서, 차생활에 의해 키워졌다는 것을 알게 되었다. 닥터 사무엘 존슨의 "영문학을 중심으로한 영국의 다도"는 청년 문화인에게 강한 자극을 주는 것이었다…

귀국 후 그는 차에 남다른 관심을 가지게 되었고 "끽다양생기" "차와 그 문화" "다경평석" 등 여러권의 차에 관한 책을 지었다. 그는 조선의 차와 선을 엮은 동기에 대해서는 이렇게 말했다.

…1938년 11월 이래 여러번 조선을 방문할 기회를 얻었는데, 광주의 산림기사인 이에이리가즈오(家入一雄)씨를 만난 것이 행운이었다. 함께 깊은 산속을 뒤져 지금까지 숨겨져 있던 조선 사원의 덩어리차 만들기를 실제로 견학 조사할 수 있었다. 뿐만 아니라 많은 귀중한 자료가 가즈오씨에 의해 수집되어 있었다. 그 자료를 통해 비로소 "다경"에 적혀있는 당대(唐代)의 단차(團茶) 만들기, 달이기, 마시기를 자세히 이해할 수 있게 되었다. 그 결과가 곧 40년 10월에 발행된 "조선의 차와 선"이다…

다모쓰가 펴낸 조선의 차와 선은, 당시 차에 관한 기록이 이능화(李能和1869~1943)가 조선불교통사에 수록한 것과 문일평(文一平1888~1939)의 차고사(茶故事)정도에 불과했던 시점에서 상당한 주목을 끌었고, 지금도 차를 연구하는 사람들에게 귀중한 자료임에는 틀림없다. 그러나 그 책은 조선을 무시했던 전형적 일본인의 색깔을 담고 있다.

앞에 공저(共著)라 하였듯 책의 주요한 부분은, 전라남도 산림과에 근무하던 이에이리 가즈오의 조사와 현지 답사, 자료 수집을 근간으로 하고 있다. 가즈오는 사실 다모쓰를 알기 이전부터 조선의 차를 찾아 다녔다. 때문에 그의 자료만으로 책을 엮었다면 보다 순수한 자료가 되었을지 모른다. 그러나 그의 자료를 훑어본 당시 동양차의 권위자 다모쓰는 가즈오의 조사보고 - 조선의 차 분포와 현장에 대한 조사 보고 - 만으로는 조선차의 존재를 소개하는데 불과하다면서 자신이 조선의 역사를 뒤져 차 이야기를 보충하기에 이르렀다.

여기에 다모쓰의 사관(史觀)이 삽입되는 것이다. 그는 앞에서 말한 놀라움의 표시와 의문 제기 외에, 의도적으로 조선을 비하(卑下)하는 표현을 심심치 않게 담고 있다. 조선의 존재를 중국과 일본을 연결해 주는 하나의 매개체로 밖에 보지 않았다. 모든 사물과 풍속의 근원을 기본적으로 중국에 두고, 주요한 문화 향유(享有)는 일본의 것을 모방하고 있다는 따위, 소위 식민사관(植民史觀)의 전형을 보여주고 있는 것이다.

머리말을 쓴 가즈시케나 간지로우가 자료를 제공한 가즈오 쪽에 비중을 두어, 그의 공로를 더 치하하고 있는 점도 주목할만 하다. 먼저, 1927년 조선총독 임시대리가 되고 31년부터 36년까지 총독을 지낸 - 그래서 조선을 잘 알고 있는 - 우가끼 가즈시게(宇桓一成)의 머리말을 보자.

…일본이 당송(唐宋)의 문화를 수입한 것은 조선이라는 좋은 매개체가 있었기 때문이다. 차나무 씨나 차 마시는 습관도 어쩌면 조선으로부터 건너온 것인지 모른다. 예부터 조선인은 차를 즐겼다. 차마시는 습관이 단절된 것은 조선시대부터이다. 차에 눈을 뜨게 되면서, 차가 인간에게 활력을 준다는 것을 알고 즐기게 되었다. 그러나 조선에 좋은 차가 있다는 것은 모르고 지냈다. 이에이리(家入)씨는 조선의 전라도에 좋은 종류의 자생차가 개발되지 않은 채

있는 것을 유감으로 여기고, 실제로 답사하고 자세히 조사하여 그 실태를 기록하기에 이르렀다. 여기에 다시 동양차에 관한 과학적 연구의 권위자인 모로오까(諸岡) 박사는 조선의 차가 예로부터 선문(禪門)의 사원과 승려에 의해서 계승되어 온 사적(史蹟)을 조사하여 원류를 밝혔다. 이로써 역사와 실제에 맞게 접목한 것이 바로 이 책이다 …

다음은 1940년대 상공장관과 국무대신 등을 역임한 후지와라 간지로우(藤原銀次郎)의 머리말 중 발췌이다.

…오늘날 흥아(興亞)라는 큰 사업으로 보더라도 차라는 음료는 매우 중요하다. 중국 만주 몽고 주민 대부분은 하루라도 차가 없으면 살아갈 수 없는 사람들이다. 그럼에도 조선에 자못 좋은 종류의 자생차가 있다는 사실을 등한히 했었다. … 전라도 산림과의 이에이리 가즈오 군은 이것을 유감으로 여기고, 숨은 자원의 개발과 조선인이 막걸리나 탁주와 같은 술을 즐기는 폐단을 차마시기의 좋은 습관으로 인도할 염원에서, 좋은 차 산지인 전라남도 광주 일원의 자생차(自生茶)에 관한 자료를 수집하고 현지답사를 통해 일일이 확인했다. 조선인에게는 진실을 숨기는 습관이 있음을 잘 알고 있는 이에이리 군은 산림을 헤치고 들어가 때론 민가에 묵으면서 그들과 무릎을 맞대고 수집한 것이다. 여기 녹차 연구의 1인자인 모로오까 다모쓰 박사는 조선차의 근원을 풀어서, 차 마시기가 선원(禪院)에서 발달된 역사를 온갖 자료에 의해서 조사함으로써 오늘날 차의 유래를 밝히게 되었다. … 예부터 조선은 중국문화를 일본에 전한 중개역이었던 까닭에 지금까지 지나(支那:중국의 옛이름)에서도 모르고 일본에서도 몰랐던 당(唐) 송(宋) 시대의 차문화

일단이 뜻밖에도 이 책에 의하여 밝혀질 수 있게 되었다는 것은 참으로 기쁘고 상쾌한 일이다. 살피건대, 차 마시기는 모든 국민을 각성시키는 원동력이다. 더구나 일본의 국수(國粹)인 다도에서 예부터 가장 존중되어온 명물 찻주발의 8할 이상이 조선의 도기라는 사실에 의해서도 조선의 차에 깊은 관심을 쏟지 않으면 안된다 … 조선에 예부터 좋은 종류의 자생차(自生茶)가 있으며, 그 재배가 자못 유망하다는 것이 발견된 것은 다도라는 취미상의 기쁨에 머무르지 않고 산업상 가장 유쾌한 일이다 …

글의 중간 중간에 자생차(自生茶)라든가, 예부터 조선인은 차를 즐겼다, 중국도 모르고 일본도 몰랐던 당송(唐宋)의 차문화 일단이 조선에서 밝혀질 수 있게 되어 기쁘고 상쾌하다… 같은 표현들은 어쩔 수 없이 우리의 눈길을 끈다. 그러나 본문에 들어가서 모로오까 박사는 이런 여운들을 여지없이 잘라 버린다.

…조선의 차는 신라 흥덕왕 시절 당(唐)에서 전래되었다. 일본의 차는 송(宋)에서 전래되었다. 오늘날 일본의 차는 그처럼 성행하는 반면, 조선차란 귀에 설다. 옛날에는 조선의 물이 좋아서 차가 따로 필요치 않았기 때문일 것이다. 보건대 당나라 차의 씨앗은 지리산에서 널리 퍼졌으나, 다도는 선종의 스님만이 알 뿐이다…

…조선의 흡연 풍습은 일본으로부터 들어왔다. 담배 피우는 풍습이 퍼진 것은 매우 슬퍼할 노릇으로 아편을 마시는 나쁜 습관 같은 것도 실은 여기서 길들여진 것이다. 나쁜 습관이 좋은 습관을 몰아낸 것이다. 술은 불교에서 금하는 것이다. 오계(五戒)의 하나이고 팔관재(八關齋) 중의 한 계율이다. 그러니 불교가 성하면 술은 차

에 의해서 다소 다스려질 것이다. 고려시대 선종의 신도였던 이규보(李奎報)가 "다행히 건계 차는 있으니, 어찌 날마다 술에 취하랴" 한 데서 엿볼 수 있듯 술독에 빠진 무리들도 차로써 술의 해독에서 벗어나려 했었다. 그렇지만 지금의 조선에서는 막걸리가 차를 대신하고 있으니 도리를 벗어난 일이다. 허울좋은 이름으로 숨어서 술을 마신 파계승도 많았다. 이를테면 전주 서방산 봉서사(鳳棲寺)의 진묵일옥(震默一玉)이라는 선승은 술을 즐겼는데, 술 이라 하면 안 마시고, 곡차(穀茶)라 하면 마셨다. 술을 곡차라 하는 것은 여기서 유래되었다…

　진묵(震默1562~1633)은 7세에 출가하였는데 머리가 좋고 술을 잘 마시며 신통력을 가져 이적을 많이 행했던 기인(奇人)이다.
　이에이리 가즈오와 모로오까 다모쓰의 공저 조선의 차와 선은, 방대한 자료를 조사 수록하는 등 노력한 면도 없지않으나, 근본적으로 조선의 역사를 가볍게 여기는 시각에서 엮어나간 것인만큼 업적에 버금가는 오점도 남긴 셈이 되었다. "조선의 차와 선"은 잘 살펴서 취할 부분만 취해야 하는 책임을 염두에 두어야 한다.

제2부
우리 것 찾기 운동과 다도열풍

역사와 전통의 숨결을 느끼게하는 한국적 담의 하나.

효당 최범술과 의재 허백련

    8·15 광복과 민주국가 건설의 혼란. 남북의 사상 대립. 6·25와 가난은 사실상 우리에게 문화를 논할 여유를 주지 않았다. 생활은 이어가면서도 한국인의 의식주 습관이 어떤 유래와 전통을 가지고 있는지는 관심의 대상이 아니었다. 당장 필요한 것은 의식주였다. 학교와 공장을 지어 가난과 무식에서 벗어나도록 하는 게 시급했다. 수천년 이어 온 좋은 습관, 훌륭한 풍속은 모두 그늘에 가두어져 버렸다. 그런 가운데 서양문물, 특히 미국의 문화가 거침없이 거리를 활보했다. 꽃이 있어도 그 아름다움을 감상할 여유가 없던 때에 쇠퇴해버린 차 마시는 양속(良俗)이 특별한 관심을 모을 수는 없었다. 더구나 이때는 차에 대한 상식이 사라지다시피 해서 "차가 뭔지도 모르는 상태"가 되었고, 커피가 다소 보편화되면서 상류계층의 인사들에게 각광을 받을 때였다.

    물론 그것은 도시의 현상이요 산사(山寺)나 오지(奧地)의 농어가(農魚家)에서는 전통적인 삶을 이어갈 것이었다. 농어촌에 도시의 신문화(新文化)가 전해질 때가 아니었고, 도시 사람들은 전통이라든가 우리 것 내보이는 것을 치부로 여겼다. 도시와 농어촌으로

만 구별할 일도 아니었다. 혼돈과 가난 속에서 저마다 생존에 급급했던 시대였던만큼 각자 위치에 따라 생활관 역사관 처세술이 모두 달랐다. 선말(鮮末) 이후 불어온 변혁의 바람이 수시로 바뀐 탓이기도 했다. 서풍이 문득 북풍이 되고 동풍도 되었었다. 암흑과 폭우에 시달리던 것이 개면서는 양풍으로 바뀌었다. 멀리볼 게 없고 믿을 것 또한 없는 세상이었다. 충고도 들으려 하지 않았다. 그나마 자기 판단이 후회가 덜한, 그런 메마른 사회의 계속이었다.

특히 대일 감정이 좋지않았던 시기, 차생활의 전통을 잃어버린 우리 사회는, 일본인처럼 차를 마시는 사람을 하오리하까마 입은 놈과 똑같이 취급했다.

모두가 어려웠던 광복 후의 한동안 우리 사고는 그랬지만, 그러나 차 이야기는 어디선가 이어지고 있었다. 호남에서는 의재(毅齋) 허백련(許百鍊 1891~1977), 영남에서는 효당(曉堂) 최범술(崔凡述 1904~1979)이 차생활을 실천하며 그 중요성을 전하는 데 앞장선 사람들이다. 그런데 다론(茶論)은 크게 달랐다. 의재의 차생활에는 아무런 격식이 없었던 반면 효당의 차생활은 엄격한 다법(茶法)을 요구했다. 의재는 차를 가르치지도 않았다. 춘설헌(春雪軒:그의 화실)을 찾아오는 사람들에게 차를 대접하며 청담(淸談) 나누기를 즐기는 정도였다. 사람들이 차 나눠주기를 원하면 기꺼이 그렇게 했다. 춘설헌의 분위기를 기억하는 사람들은, 풍류를 아는 옛 선비들의 자리가 그런 풍경이었을 것이라며 지금도 못잊어 한다.

이와는 반대로 효당은 다도용심(茶道用心)을 가르쳤다. 다도용심이란 차를 운용하는 사람의 마음자세와 차살림 하는 방도를 일컫는 것이라고 하면서, 가장 중추가 되는 것을 ▲차의 맛과 멋에 관련된 문제와 ▲차를 내는 주인(烹主)과 손님(烹客)간의 용심(用心)

에 관련된 문제라고 하였다. 두 분의 이러한 차이는 오늘날 영남과 호남이 다풍(茶風)을 크게 달리하는 데 직접적인 영향을 주었다.
 재미있는 것은 의재는, 초의의 제자이자 추사로부터 수묵화를 전수받은 소치(小痴) 허련(許鍊)의 아들 허형(許瀅)에게 묵화의 기초를 익혔다는 사실이고, 효당은 경남 사천에서 태어나 열세 살에 출가(出家)하여 불가에 몸담았다는 사실로써, 두 분 다 가엄(家嚴)이나 이웃의 차생활을 보며 자랐는데, 어릴 때는 무심했던 것을 일본을 다녀온 뒤 특별한 관심을 갖기 시작했다는 점이다.
 의재의 차생활이 일본의 영향을 받은 것이냐 아니냐는, 그가 차에 대해 남긴 글이 없기에 알 수 없는 일이나, 일본을 다녀온 뒤 일본인들의 차 마시는 풍습을 좋은 느낌으로 자주 전언한 것으로 보아 영향이 전혀 없었다고 볼 수 없다. 전남 진도가 고향인 의재는 일찌기 신학문에 뜻을 두어 서울로 올라와 기호학교(畿湖學校)를 다니다가 스물세 살 때 일본으로 건너갔다. 토오쿄(東京)에 머무르며 메이지대학(明治大學)에서 법정학을 공부하기 원했으나 뜻을 이루지 못 하고 그림으로 방향을 바꾸었다. 뒤를 돌봐줄 사람없는 가난한 유학생이었기에 학비며 생활 일체를 스스로 해결해야 했는데 그것이 어려웠던 것이다. 어쩌면 이때 일본인들이 차를 성히 마시는 것은 보았지만, 격식과 세련미를 갖춘 본격적인 다도는 접할 기회가 없었던게 의재의 격식없는 차생활의 근원이 되었는지 모른다. 여섯 해 가량 머무르는 동안 때로는 막노동을 하였을 정도로 그는 서민들 사이에만 묻혀서 생활하다 돌아왔다. 의재는 그런 가운데 일본 화단의 활발한 움직임을 눈여겨 보게 되었고 자신의 소질을 시험해 보자는 마음을 품게 되었다. 1918년 학업을 포기하고 고향에 돌아온 그는 허형(許瀅)에게 묵화의 기초를 익히면서 부지런히 화필을 연마했다. 그리고 22년, 그러니까 서른두 살에 제1회

조선미술전람회에 전통적인 산수화를 출품하여 입상하면서 주목받기 시작했다. 그는 선전 중심으로 활동했던 3, 4년 외에는 평생을 전라남도 광주에 정착하여 독자적 화필생활과 문하생 지도에 전념하면서 살았다. 차가 화필생활에 함께 하였음은 물론이다. 같은 세대의 신예들이 서울을 중심으로 근대적 작품을 추구한 것과는 달리 오로지 옛법에 충실한 화격을 자신의 세계로 심화시켰다.

1945년 광복이 되자 의재는 오자끼(尾崎)의 무등산 다원을 인수하여 삼애다원(三愛茶園)이라 이름 짓고 이를 경영했다. 그리고 다원 근처에 조촐한 산장 - 춘설헌(春雪軒) - 을 마련해서 그곳에서 나날을 보냈다. 춘설(春雪)이란 예부터 있어온 차 이름의 하나인데, 의재는 삼애다원에서 만들어지는 차에도 춘설차(春雪茶)란 이름을 붙였다. 이외에 그는 농업고등기술학교를 설립하여 가난한 집 청소년들에게 농사기술이며 학업을 닦게 하는 등 사회사업에도 심혈을 기울였다.

그는 조주선사 못지않게 찾아오는 사람에게 "차 한 잔 마시고 가시오" 소리를 했으나, 이렇다할 꾸밈도 격식도 거론하지 않았다. 편안한 차생활을 즐겼던 옛날이 아닌 이 시대의 우뚝한 다인(茶人)이었다.

반면 효당(曉堂)은 보통학교를 졸업한 직후인 열네 살(1916년)에 부모님 뜻에 따라 입산하여, 이듬해 환경(幻鏡)선사에게 계(戒)를 받았다. 입문한 지 두세 해만에 그는 어린 천재로 널리 알려졌고 노스님들의 사랑을 받았다. 그런데 그는 - 누구의 영향인지 모르지만 - 어려서부터 남다른 조국애와 투철한 민족관을 가지고 있었다. 그래서 3·1운동 때는 독립선언서를 등사·배포하다 일본 경찰에 붙잡혀 고통을 받았다.

효당의 재능을 아낀 노스님들은 그가 감옥에서 풀려나자 불교재단 후원으로 일본에 유학을 보냈다. 1922년에 건너 가 33년 다이쇼 대학(大正大學)불교학과를 졸업하였는데, 그는 이때 일본 다도의 진수를 눈에 익혔던 것으로 보인다. 그러나 조용히 공부만 한 것은 아니었다. 한편에서는 다도를 기웃거리는 공부벌레였고, 다른 한편에서는 말릴 수 없는 독립운동가였다. 23년에는 박렬(朴烈), 박홍곤(朴興坤), 육홍균(陸洪均) 등과 불령선인사(不逞鮮人社)를 조직하여 "불령선인지"를 간행하였고, 또 박렬의 일본천황암살계획을 돕고자 상해에 잠입, 폭탄을 운반하여 왔으며, 대역사건(大逆事件)에 연루되어 8개월 동안 옥고를 치르기도 했는데, 풀려나서도 3년 동안 매년 29일씩 피검(被檢)될 정도로 주의받는 인물이었다. 32년에는 김법린(金法麟) 등과 비밀결사인 만당(卍黨)을 조직하였고 33년에는 조선불교청년동맹 중앙집행위원장으로 활동하였다.

그외에도 그는 많은 활동을 하였다. 명성여자학교 설립, 다솔사 불교전수강원 설립에 이어 국민대학과 해인대학을 차례로 창설했고, 해인사 주지를 맡기도 하였다. 광복 후에는 또 미소공동위원회 대한불교단체대표로 활동하다 제헌국회의원에 당선되기도 하였다.

1960년, 그는 일선에서의 활동을 정리하고 진주 다솔사(多率寺) 조실로 들어앉아 조용히 원효교학 및 다도연구에 전념하기 시작했다. 광복 후 진주에서 차생활 운동이 먼저 일어난 것은 효당의 영향이었다.

차생활에 비상한 관심이 본격화된 것은 효당이 "한국의 다도(茶道)"를 발표한 1973년이었다. 이 때의 반향은 매우 큰 것이었다. 그야말로 "생활문화의 재발견(發見)"이었다. 효당은 이 책에서 다도(茶道)란 일상생활의 도(道)를 끽다(喫茶)에 붙여 강조하는 말이라고 정의했다.

…다성 초의는 동다송에서 "중정(中正)의 도(道)"를 넘어서는 안 된다고 하였다. 이에서 보면 다도(茶道)는 일상생활의 기호인 차를 다루는 것으로써, 생활에서 중정의 대도(大道)를 실천할 것을 그 본지(本旨)로 하고 있다. 다인(茶人) 생활의 본회(本懷)라는 것도 법희선열(法喜禪悅)을 양식으로 삼고, 묵묵한 대자대비의 행원(行願)을 목표로 삼는 것이니, 다성 초의가 산천도인 김명희(추사의 아우)에게 보낸 시에 "옛부터 성현들이 모두 차를 사랑하였으니, 차는 군자와 같아 그 성질에 사기(邪氣)가 없기 때문이다(古來聖賢俱愛茶 茶如君子性無邪)"라고 읊을 수 있었던 것이다.

　또한 다도는 각성(覺醒)의 참된 생활을 목표로 한다. 다도에서 각성의 생활을 강조하고, 또한 차생활을 통해 각성의 생활로 나아간다는 것은, 평상심시도(平常心是道) 즉, 일상적인 생활이나 체험 속에서 온전함을 자각하고 터득하자는 것이다. 이에 대해 먼저 우리는 차가 지닌 물리적 성질에 주목하게 된다. 술은 우리 의식을 몽롱하고 혼미하게 만드는 데 반해, 차는 두뇌를 맑게하고 몸을 상쾌하게 하여주는 것이다……

　효당은 한국의 차에 대하여 사적고찰(史的考察)을 마친 상태였고, 따라서 나름대로 신념으로 정리된 이론을 펴 나갔다. 간혹 그의 글 중에 일본 다도의 영향으로 보이는 표현이 섞인 것을 탓하는 사람이 있었지만 개의치 않았다. 그는 오히려 아집에 사로잡힌 곡견(曲見)을 몹쓸 짓이라 했고, 지나친 편견이나 사심으로 상대가 납득하지 못할 주장을 하는 것도 경계해야 할 일이라고 했다. 우리 것을 우리가 아는 것과 같은 처지에서 남을 알아야 하며, 남의 것에 대해서도 충분한 이해와 노력과 경이가 바탕이 된 경건한 태도를 보이는 공정성을 잃어서는 안된다고 역설했다.

특히 선인들이 영위하였던 살림살이의 예속과 규모를 충분히 이해하지도 못하면서, 우리 규구(規矩)나 예법(禮法)을 외람스럽게 낮게 여겨 버리거나, 부셔버리는 일을 하여 불충(不忠)·불효(不孝)스러운 불초(不肖)의 후손이 되는 것을 두려움으로 여기는 자세만 견지한다면, 진정한 의미에서 정당하고 정통적인 문화 상속의 적자(適者)임을 자처해도 좋을 것이라고 하였다. 이와같은 신념에서 효당은 일본 유학 당시 일본인들의 차예절을 흥미롭게 보았다는 이야기도 서슴없이 서문에 적고 있다.

…가엄(家嚴)이 즐겨 마시던 차에서 비롯된 나의 차생활은 어버이 뜻을 따라 부처님 곳을 찾게 되면서부터 더불어 육십여 년간 맺어지게 되었다. 다솔사(多率寺)였는데 절 주변에는 작설(雀舌)나무가 숨겨져 자라고 있었다. 당시 늙은 스님들의 구전(口傳)에 의하면 다솔사 작설차의 풍미가 하동 화개차보다도, 구례 화엄사차보다도 낫다고 하였다 … 3·1 기미 독립운동의 대오(隊伍)에 참여케 된 것은 만해 한용운 선생의 영향을 받은 바 였다. 그 일을 겪고 난 삼년쯤 후에는 일본 동경에 가서 뛰어난 동포 친지들과 교유(交遊)하기도 했고, 그 나라의 진신(縉紳)과 명망높은 불승(佛僧)들과 사귀는 좋은 기회도 갖게 되었다. 그런 가운데 내가 어릴 적부터 즐겨온 기호품(嗜好品)인 차를 그네들이 성(盛)히 마시며 즐기는 것을 알게 되었다. 이런 것이 마냥 나에게는 흥미롭게 여겨졌으며 차에 관한 그들의 아름답고 귀한 예속도 알게 되었다. … 이를 계기로 그들이 행사하는 음차(飮茶)의 예절과 우리나라에 전래하는 예속과를 비교해 볼 기회를 갖게 되었고, 차에 대해 깊이 생각하게도 되었다. 이것이 발전하여 겨레며 조국을 다시 생각하게 되었고 인

생의 나아갈 방향도 다듬게 되었다 … 고락(苦樂)간에 차와 더불어 평생을 지내는 동안 생각되던 바 있어 "차로 가는 길"이라는 것을 썼으니 바로 "한국의 다도"이다…

가엄(家嚴)이 즐겨 마시던 시절은 1900년대이고, 늙은 스님들이 하동 화개차와 구례 화엄사차와 진주 다솔사차로 겨루기를 한 결과 다솔사차가 제일 낫았다는 이야기는 1910년대의 이야기이다. 그렇다면 진주 · 사천은 물론 하동 · 구례 등지에는 일제강점기에도 차를 상음하는 풍속이 이어졌다는 이야기가 된다.

효당(曉堂)은 "차로 가는 길(韓國의 茶道)"을 발표할 때만해도 행차의 격식까지 크게 강조하지는 않았었다. 그러나 이듬해인 74년, 독서신문(讀書新聞)에 연재한 "한국의 차 · 다론(茶論)"에서는 다도용심(茶道用心)을 한층 격식화시키고 있다.

…차생활을 통해 익혀가야 할 자각(自覺)의 생활은 다실의 분위기, 옷차림, 다기, 꽃꽂이, 청결 등 모든 일상적인 생활 하나하나에도 요구된다. 또 알뜰한 마음으로 차를 행하면, 행하는 사람 자신이 은연중에 그 각성의 알뜰한 생활에 계합하게 되는 것이다…

효당은 점점 차에 깊은 애착을 보였다. 한국의 다도에 대한 세간의 반응에 힘을 얻은 그는 다도로써 혼탁한 사회, 땅에 떨어진 예절, 흐릿해진 정신까지를 계도하겠다는 의욕까지 보였다. 그러나 역부족인 부분이 있었다. 한국과 중국의 역사에서 좋은 것은 다 뽑아가 만든, 일본 다도의 정리된 이론을 피해서 다론을 펼쳐나갈 방법은 없었다. 급기야 그는 일본 다도의 종주인 센리큐(千利休)의 차정신 화경청적(和敬淸寂)을 순서만 바꿔 차생활의 정신으로 소개하기에 이르른다. 고요하고(寂) 깨끗하며(淸) 평화롭고(和) 경건함(敬)이 차생활에서 추구하는 정신세계라고 한국의 차·다론에 소개하자 세상은 일시에 시끄러워졌다. 그의 글을 좀 더 인용해 보자.

…좀 더 구체적으로 말하면 다실에 꽃을 꽂을 경우 그 꽃은 자연스러워야 하겠고, 다실 내 옷차림에 있어서도 여름에는 시원한 인상을, 겨울에는 따뜻한 느낌을, 봄 가을에는 경쾌하고 산뜻한 기분을 느낄 수 있게 해야 한다. 계절 감각을 잃지않기 위해서, 또는 모든 것을 자연스럽게 하기 위해서는 높은 안목이 크게 문제되는 것이다. 우리말에 "철이 난다"라는 말이 있는데, 이 말은 계절 감각을 잃지않으면서, 높고 자유로운 안목으로 매사를 잘 처리하는 것을 의미하기도 한다. 잠시도 머무르지않는 시간 속에서 어느 것 하나 변하지 않는 것 없는 인간 생활을 잘 처리하고 임하는 것이 "잘 난 사람" "각성(覺醒)한 사람"으로서의 알뜰한 생활인 것이다. 화로에 불 피우고, 물 끓이고, 찻잔을 씻고, 다실을 청소하는 등의 하잘 것 없는 일을 통해서 현실생활의 중요성을 인식하고, 물 끓는 소리에서 송풍성을 느끼며, 달과 백운(白雲)을 벗 삼아 고요히 사색에 잠기며, 다기(茶器)나 서화나 정원 등에서 예술의 멋과 아름다움을 발견하기도 한다…

나름대로 고심한 흔적은 있으나 위에 인용한 글은 일본 다도의 기본적인 주장들을 그대로 옮기는 것에 불과했다. 물론 거슬러 올라가 연원(淵源)을 밝히면 상당수 일본의 다도가 "순수하게 일본에서 만들어진 것"만은 아니라는 사실이 밝혀질 일이지만, 그러나 70년대 중반 신선한 충격을 주며 효당에 의해 재조명된 "다도(茶道)"는 피할 수 없이 왜색 시비에 휘말렸고, 차에 관심있는 사람들을 크게 둘로 갈라놓았다.

특히 비판의 목소리가 컸던 것은 호남이었다. 당시는 효당의 발길이 호남에도 미치기 시작한 때였다. 자연스런 차생활에 익숙한 호남인들이었으나, 전국에 유행처럼 번지고 있는 것은 "효당의 격식있는 다도(茶道)"였기에, 광주의 여학사회(女學士會) 같은 모임이 효당을 초청, 특별강연회를 갖는 등 관심을 보였던 것이다.

시비가 일자 호남은 곧 본래의 모습으로 돌아가 버렸다. 그들은 원감국사의 시 …차 마시는 것도 선(禪)이니, 선에 있어 격식은 초월하는 법… 을 상기시키면서, 차생활의 목적은 자기 수양으로 인격도야(人格陶冶)에 있는 것이지 절차나 행위에 치우쳐서는 안 된다고 목소리를 높였다. 그러나 이미 전국적이라고 할 수 있는 효당 지지자들은 물러서지 않았다.

…차를 마시는 것 만으로 어찌 인격이 도야될 것인가. 다례가 예법이라면, 예법에는 격식이 따라야 한다. 격식이 없이는 내용이 담길 수 없기 때문이다. 아무런 격식도 없이 그저 차를 마시기로만 말한다면 굳이 차생활 운동을 제창할 까닭이 없지 않은가…

그들은 이렇게 반문하며 오히려 예의와 절차의 중요성에 더욱 견고한 체계를 세우고 역사와 이론의 받침을 보강하는 작업을 하였다. 이후 영남의 다풍과 호남의 다풍은, 그 색깔을 더욱 달리하게 되었는데, 격식(格式)에 대해서는 지금까지도 서로 견해를 좁히지 못하고 있다.

호남지방의 차생활을 더 자세히 살펴보면, 광주를 중심으로 그 이남에서는 음차 풍습이 끊어진 적이 없었다는 인상을 준다. 호남의 차는 전라도와 경상도의 경계인 화개·하동까지를 그 영역으로 보아야 한다.

일례로 강진·해남·나주 등지의 민간에서는 돈차(錢茶)라는 것이 있었다. 민간에 전승된 전통적인 방법으로 찻잎을 쪄서 둥글 납작하게 만든 뒤 엽전처럼 가운데 구멍을 뚫어 실에 꿰어 말린 것인데 이를 청태전(靑台錢)이라 불렀다. 마을에 따라 만드는 방법이나 필요할 때 달이는 법이 조금씩 차이를 보였으나 큰 줄기는 대체로 같았다.

야생 차나무에서 어린 잎을 따 끓는 물에 데친 뒤 절구에 찧고, 다음 송편을 빚듯이 손으로 엽전 모양을 만들어 그늘에서 말리는 방법이었다. 만드는 방법은 옛 그대로이나 보관·용법(用法)은 옛 같지 않았다. 처음에는 대나무 꼬챙이에 꽂아 말리고, 다 말린 후엔 실에 엽전꿰듯 꿰어 대들보나 실내 기둥에 매달아 보관했고, 필요할 때 한두 개씩 꺼내 펄펄 끓는 물에 한참 넣어 그 물을 마셨다.

이것은 음용이기보다 약용으로 쓰인 경향이어서 청태전을 달일 때 생강이나 오가피를 함께 넣기도 하였는데, 두통이나 소화불량, 변비, 어지럼증, 고혈압 등에 상당한 효험을 나타낸 것으로 전해진다.

"조선의 차와 선"의 저자들은 이 청태전을 보고, 말로만 듣던 당송대(唐宋代) 단차문화의 일단을 알게 되었다고 쾌재를 부른 것이다. 이것은 사실상의 단차(團茶)이며 선조들은 이 단차를 다연(茶碾), 즉 차맷돌에 갈아 말차로 즐겼던 것이었다. 이 청태전은 지금은 보기 힘들어졌지만, 팔십년대 초까지만 해도 호남지역 옛 장터에서 흔히 볼 수 있었다.

비슷한 이야기로 쌍계사가 있는 하동의 화개장에 가면 야생 차나무 잎을 따다 그늘에서 말려 파는 것이 있었다. 그들은 이것을 한약 달이듯이 정성들여 달여마시면 여러가지 속병에 그만이라는 말을 하면서 팔았다. 이 풍습 역시 80년대 초까지 있었다.

이와같은 장터 사례는 차가 최근까지 약용으로 민간에 전래되었다는 사실과 함께, 민중의 생활에 깊이 뿌리를 박고있는 토속적인 "우리 것"임을 다시한번 확고하게 해 준다. 동시에 격식이나 예절과는 거리가 먼 민약으로 전승된 사례이기도 할 것이다.

다성(茶聖) 초의(艸衣)를 낳은 해남지방의 음차풍도 유별난 것은 없었다. 초의의 법손(法孫)으로 일지암을 마지막까지 지켰던 응송(應松)도 차생활에 대해서는

…우리의 예의법도가 주자가례를 기본으로 삼는다면, 주자가례는 백장청규(百丈淸規)가 그 근본이다. 백장청규는 어떤 것이냐. 계율에만 한정되지않는 자유로운 입장에서 일상생활의 기본을 수도의 장(場)으로 삼고, 서로 책무를 다하는 가운데 참된 자기를 지켜 나가는 방법들이 아니냐. 그렇다면 차생활 역시 자연스러워야 한다…

면서 격식을 따지지않는 차를 즐겼다.

따라서 호남인의 눈에는, 차를 마시는 데 있어 예법을 강조하거나 무거운 의미를 부여하며 특수계층의 놀이화 하는 것을 "전래적인 우리 풍토"로 여기지 않았다. 다만 그들은 잎을 취하고 차를 만드는 데 있어서만 엄격함을 지키면서, 그것으로 다도가 이루어지고 차정신(茶精神)도 지켜진다고 하였다.

우후죽순처럼 생겨난 현대 차모임

　효당(曉堂)의 영향으로 인해 진주(晋州)가 중심이 된 영남지방의 차문화는 1970년을 전후해 조직을 갖추고 활동을 시작했다. 경상대 농대의 김재생(金在生)교수, 대아 중·고등학교의 박종한(朴鍾漢)교장, 장석박물관의 김창문 관장, 삼현여고의 최재호 교장 등 지도층 인사들이 앞장서서 효당 최범술을 고문으로 모시고 진주다인회(晋州茶人會)를 발족시킨 것은 69년 말의 일이었다.

　진주차인회는 첫 사업으로 이듬해 "한·일 양국의 차 산업 및 다례발전에 관한 연구"를 주제로 국제세미나를 개최하고, 일본의 명망있는 다인들과 교류를 시도했다. 그런데 주제가 주제인만큼 일본의 차 예절에 상대해서 한국의 차 예절도 보여주어야만 했다. 이에 진주의 인사들은 머리를 맞대고 지혜를 모아 ▲조상에의 헌다(獻茶)와 ▲한국인의 생활다례(生活茶禮)를 보여주었는데, 이것이 일본에 최초로 소개된 한국인의 생활차(生活茶)하는 모습이었다. 조상에의 헌다는 기존 다례(茶禮) 풍속을 다듬어 정리했을 것이지만, 한국인의 생활다례를 구체화해서 발표하는 데는 많은 고심이 따랐다.

이렇게 시작된 진주 인사들의 노력은 몇해 안 가 차생활을 부활시키는 것으로써 ▲민족 정신을 고양시키고 ▲예의범절을 살려 한국인다운 인성을 회복하자는 운동으로 발전하였다.

대아(大亞)중·고등학교 박종한 교장은 "차생활 지도 이념"을 나름대로 정립하면서, 아예 다례(茶禮)를 오민교육(五民敎育) 철학(哲學)에 결부시켜 민성교육(民性敎育)의 지표(指標)로 삼기까지 하였다. 그는 "차생활 역사·예절"에 관한 교재도 만들었으며, 교장실을 일로향다실(一爐香茶室)이라 이름하고 그곳에서 직접 차생활을 가르쳤다. 매일 삼십 명의 학생을 일로향 다실에 불러들여 "정신을 맑게 하는 차"를 반듯한 자세로 마시게 하면서 한국인의 전통 예절과 민족 정신을 강의했다. 그의 다회(茶會) 모습은 흡사 고려도경에 적었던 그 현장을 보는 것과 같았다.

…다실은 조용했다. 학생들은 두 줄로 나뉘어 서로 마주본 자세에서 허리를 펴고 어깨가 반듯하게 앉았다. 차는 교장선생이 직접 내었다. 찻잔이 고루 놓여진 뒤 교장선생이 "차를 듭시다"하면 학생들은 각자 찻잔을 들어 소리나지않게 조용히 음미했다 …

삼십 명에게 차가 고루 놓여질 정도면, 먼저 놓여진 잔은 식었을 것이다. 서긍(徐兢)이 고려도경(高麗圖經)에 적은 그대로 "그래서 다 식은 차를 마신 적이 여러번이었다"는 소리를 대아고등학교 학생들도 할 것 같은 장면이었다. 그러나 그런 것이 문제일 수 없었다. 차생활교육으로 한국인다운 참된 인간을 만든다는 원대한 가치에서 보면 그건 지엽적인 문제에 불과했다. 진주의 다인들은 그렇게 모임을 만들고 다례를 정립하며 뜻을 펴 나갔다.

서울에도 차모임이 만들어 졌다. 그동안의 왜색시비나 우여곡절은 - 아직도 이를 비난하는 사람이 다소 있지마는 - 과도기의 피할 수 없는 현상으로 이해되었다.

일본을 피하려 하지말고 정면으로 돌파하자는 의식이 한편에서 고개를 들기 시작했다. 정면돌파 외에는 사실 길이 없었다. 문호 개방으로 동서 교류가 시작되며 세계가 새롭게 재편되던 16~17세기, 조선은 사대주의와 당파싸움으로 열강과 어깨를 나란히 할 기회를 놓치고 말았지만, 보다 치명적인 이유는 임진·정유 두 차례의 왜란이었다. 일본은 그때, 완성된 다도로써 열린 안목을 가지고 있었다. 외국의 것일지라도 우월한 문화를 인정하고 받아들일 자세가 되어있었다. 그리고 조선 침략을 통해 한국문화의 우월함을 두 눈과 피부로 확인하였다. 문화 침탈(侵奪)은 그로부터 본격화 되어 20세기 강점기에 절정(?)을 이루었던 것인데, 그 수법은 참으로 집요하고 비열하며 악랄한 것이었다.

좋은 것은 다 가져가 저희 것으로 만들거나, 그렇지 않은 것은 철저히 비하(卑下)시켜 버렸다. 조선인의 자주 정신은 물론 개개인의 자존심까지도 각 분야에 고루 깊은 상처를 주었을 정도였다.

이런 배경에서 우리 것 되찾기를 하는 데 "왜색시비"를 논할 필요는 없었다. 정면돌파가 가장 지름길이었다. 처음에는 왜색이 섞인다 해도 어느 정도 시간이 흐르면 왜색은 저절로 사라질 것이었다. 기질이나 국민성의 차이가 뚜렷하기 때문인데, 시간이 지나도 벗겨지지않는 왜색(倭色)이 있다면 그건 왜색이 아닌 우리 것으로 이해되어야 한다고 했다. 다인(茶人)들은 좀 더 적극적인 자세로 "차문화(茶文化) 운동"을 "정신개혁운동"으로 격상시켜 펴 나가기로 하였다.

1972년 청사(晴斯) 안광석(安光碩)씨를 중심으로 연세대학교 윤병조(尹炳朝) 교수, 이화여고 안준영(安俊瑛) 교목, 백창성(白昌盛) 씨 등이 모여 죽로회(竹爐會)를 만든 것을 시작으로, 정원호 씨, 고려대학교 김충렬 교수, 삼성출판사 김종규 사장이 주축이 된 효동원 등 서울에도 동호인 모임이 생겨나기 시작했다.

차문화 운동과 더불어 골동품(骨董品)이 새로운 투자대상으로 급부상하기 시작했고, 따라서 고미술 애호가나 예술인, 전통문화 관련인사들 중 차문화 운동에 가담하는 사람이 많아졌다. 여기 여성들이 참여하면서 다례(茶禮)를 상류사회의 고급 놀이화 하는 노력이 겹쳐졌다. 차와 꽃, 차와 도자기는 실과 바늘처럼 불가분의 관계인만큼 꽃꽂이 연구가와 도예가들도 참여했다. 일부의 왜색시비 제기에도 불구하고 차 동호인 수는 늘어 79년 쯤에는 전국적인 조직을 만들어도 좋을만큼 그 수가 많아졌다.

이러한 때에 국립정신병원 정신과 전문의 김종해(金鍾海) 박사는 끽다요법(喫茶療法)을 이용한 정신질환 치료법을 발표해 색다른 관심을 모았다. 그의 논리는 간단했다.

…인간의 마신다는 행위는 유아(幼兒) 때 형성(形成)되는 덕목(德目)으로, 원초적인 신뢰감에 직결되기 때문에 모유(母乳)를 충분히 섭취했느냐, 못 했느냐에 따라 좌우될 수 있다. 일례로 누구든 초조감이나 불안감에 빠지면 곧 마실 것을 찾게 되는데, 이 때의 마시는 행위는 갈증을 해소하는 데 그치지 않고 정신적인 안정까지 가져다 준다. 그렇다면 끽다요법이 정신질환 치료에 의외로 좋은 영향을 줄 수 있을지도 모른다…

…예방의학에서 가장 중요하게 여기는 것은 잘 먹고, 잘 마시고, 잘 배설하는 것이다. 어쩌면 이러한 "마시는 행위"와 인간 "에스프

리(esprit)"와의 만남이 곧 다도(茶道)인지 모른다. 결론적으로 끽다(喫茶)의 과정은 인간의 원초적 신뢰감을 회복하는 방법이 될 수 있을 것으로 보인다…

그는 73년, 국립정신병원 내에 아담한 다실(茶室)을 꾸며놓고 환자들을 초대해 다담(茶談)을 나누며, 임상 심리학적 측면에서 자신의 가설을 실제에 옮겨 보았다. 그의 임상 절차를 들어보자.

…차정신의 요체가 되는 네 가지를 우선 실천에 옮깁니다. 고요하고 청결한 분위기를 마련하고, 찻물을 경숙(輕熟) 시키듯 환자들의 감정을 편안하게 만듭니다. 다음엔 차를 달이는데 간을 맞추듯이, 대인 관계에서 적당한 거리가 필요함을 설득시킵니다. 정신병 환자란 곧잘 "간을 못맞춘 사람"에 비유되기 때문입니다. 이때 가장 중요하게 여기는 것은 중정(中正)입니다. 환자들과의 대화를 통해 적당한 감정이입(感情移入)을 시도하는 것입니다. 그리고 이어서 참선(參禪)을 통하여 삼매경(三昧境)으로 이끌어 줌으로써, 정신적인 안정을 되찾도록 하는 것입니다…

이러한 노력에 의학계(醫學界)는 갈채를 보냈다. 서구의 모방에만 연연하던 한국의 정신의학이 이를 극복하려는 시도라고 높이 평가하면서, 김종해 박사의 연구 결과에 큰 관심을 보였다.
해남(海南)에서도 차회가 만들어졌다. 해남차인회의 중심인사는 극작가 김봉호 씨, 해남종합병원의 김제현 원장, 대흥사(大興寺) 북암(北庵)의 승, 용운 등이었다.
해남인사들의 차인회 결성은 진주나 광주, 서울과는 그 성격이 달랐다. 그곳은 다신전·동다송을 저술한 초의(艸衣)의 본향(本鄕)

이며, 초의의 법손(法孫) 응송(應松)이 건강하게 생존해 있었다. 그는 초의가 사용하던 다구(茶具)며 차생활에 관련한 자료와 유적을 상당수 가지고 있었다.

응송이 보관하고 있던 초의의 자료들은 김봉호 씨에 의해, 왜색이 섞이지 않은 순수한 우리 것으로 새롭게 발표되었다.(문학사상·75년) 더구나 그는 주변 사람들로부터 "이 시대 마지막 풍류객"이란 소리를 들을만큼 한국적인 이야기에 해학과 풍자를 곁들여 유려한 문체를 구사하는 시나리오 작가였다. 자연히 그의 글은 효당 때와는 반응이 달랐다.

김봉호 씨는 이어 초의선집을 발간했다. 혼자만의 작업은 아니었다. 한학자 김두만 씨가 번역을 도왔고, 자료는 응송이 제공했으며, 용운이 분류를 도왔다. 이 초의선집 발간으로써 해남차인회는 전국에 알려졌고 김봉호씨는 다계(茶界)에서 크게 주목받는 사람의 하나가 되었다.

해남차인회는 그 열기를 이어 "일지암(一枝庵)복원"을 추진했다. 초의가 기거했던 일지암이 당시 터만 남은 상태였기 때문이었다. 일지암만 사라진 게 아니라 다산초당도 그랬다. 하지만 우선 일지암을 복원하여 다인들의 성지(聖地)로 만드는 것을 추진했다.

해남차인회의 움직임은 설득력이 있어 전국적인 호응을 얻었다. 전국의 다인들이 해남으로, 대흥사로 모였고, 여기서 전국적인 모임은 태동(胎動)했다. 앞을 내다보는 사업가에겐 이때가 차산업에 뛰어들 때였다.

우리 것 인식 새롭게 한 차운동

 70년대 후반 - 사실 이때까지 우리나라 차 산업계엔 이렇다할만한 회사가 없었다. 의재가 경영하는 삼애다원의 춘설차, 사원의 승려들이 만드는 죽로차, 반야차. 화개 주민이 만드는 쌍계차, 화개차 등이 있었지만 모두 가내수제품 수준을 벗어나지 못하는 것이었고 그 양도 보잘 것 없어 유통이라는 단어를 쓸 형편도 못 되었다.
 태평양 그룹도 뛰어들기 전이었다. 대한다업(大韓茶業), 한국제다(韓國製茶) 등이 있었지만 녹차가 아닌 홍차에 주력했고, 그나마 음용(飮用)이 아닌 공업용(工業用)이었다. 음용으로서의 홍차는 제다 기술이 뒤져 인도 스리랑카(실론)만 못했지만, 공업용으로서는 어느나라 홍차보다 품질이 우수했다. 기술이 뒤졌음에도 품질이 뛰어나다는 것은 그만큼 원료(茶葉)의 성분이 뛰어나다는 것인데, 수요가 적어 대량생산 체계는 갖추지 못 하고 있었다.
 국산 홍차(공업용)는 영국 홍차(음용)보다 값이 형편없이 쌌고, 그래서 70년대 후반 주요 도시의 다방(茶房)들이 공업용 홍차를 구입해 손님에게 파는 사건이 일어났다. 다방업자들의 비열한 상행위는 여기 그치지 않았다. 때마침 대한홍차가 일본 마루베니와 합작하면서 그나마 전량 일본에 수출하게 되자, 감나무잎이나 고구마잎을 물들인 가짜 홍차(화학차)까지 범람시켰다. 이러한 사실이 일간지 사회면을 통해 크게 보도되자 국민들은 분노하여 그나마의 차 애호가를 또 잃고 말았다. 모두들 커피로 돌아섰다. 다인들의 차생활 운동은 할 수 없이 커피와의 전쟁(?)을 겸하게 되었다. 차생활 운동을 위해서는 차산업도 함께 일으켜야 했다.

그 무렵 국내 최대의 차밭은 보성에 있었다. 보성 다원은 1942년에 조성된 것이었다. 전쟁을 확대하면서 군량미 조달에 급급해진 일본은 자국내 기존의 다원을 하나하나 논밭으로 만들어 갔고, 차나무들은 한국으로의 이전을 추진했다. 그 일차 계획으로 이전 조성된 것이 보성다원이었다. 그것은 재래종이 아니라 일본이 만들어낸 개량종, 즉 야브기타였다. 야브기타는 차나무의 성분을 그대로 갖추고는 있지만, 뿌리가 직근성도 아니요 가지치기로 심을 수도 있는, 일종의 생명력 질긴 튀기같은 차나무였다. 따라서 이 나무는 …차는 직근성으로 뿌리가 곧게 밑으로 뻗기 때문에 옮겨서는 살지 못 하는 천명을 받고 태어났다. 이에 여자에게는 정절의 상징이 되어 시집갈 때 차 씨를 가져가 뒷 뜰에 심는 풍습이 생겨났고 남자에게는 불사이군 충절의 상징이 되었다… 라고 말하는 우리 토산 차나무와는 종류가 달랐다.

어쨌든 일본은, 보성에 다원은 조성했으나 수확을 올리지는 못하고 물러가게 되었다. 그 뒤 이 다원은 한동안 아무도 돌보는 이 없어 폐허가 되다시피 했었다. 그것을 대성목재 대표이던 장영섭(張榮燮) 사장이 인수한 것은 1959년이었고 홍차를 만들기 시작한 것은 60년대 후반부터였다.

60년 대 일본은 대만으로부터 년 수만톤의 녹차를 수입했었다. 그런데 70년 대로 접어들어 대만과 국교를 단절하게 되자, 일본은 한국으로 눈을 돌리게 되었다. 그들은 곧 최대 면적의 다원을 소유한 대한홍차와 합작회사를 추진했다. 이리하여 대한다업은 일본 마루베니사와 합작에 동의하게 되었고 생산 전량을 일본에 보내기 시작했다.

보성 차는 대만 차보다 2배 정도 비싸게 일본에 수출되었다. 차 수출은 순조롭고 해마다 물량도 늘었다. 몇 해 안 가 다 수출해도 모자라는 형국이 되었다. 그러자 보성군은 농민들에게 특작물 재배 차원에서, 버려진 땅 산기슭 같은 곳에 차나무 심기를 장려했다. 자금도 융자해 주었다. 대한홍차의 차밭이 30만평쯤 되는 위에 농민들이 조성한 차밭이 또 30만평쯤 되게 되었다. 이로써 보성은 일약 한국 최대의 차 산지로 변모했다.

그러던 때 일본 대만간 교역이 국교와 상관없이 재개되었다. 싼 값에 차를 수입할 수 있게되자 마루베니는 2차 계약을 하지않았다. 이것은 보성 차농들에게 큰 충격이 되었다. 수요에 비해 공급이 넘치는 상황이 되니 값도 떨어지고 일시에 소비도 어려워지고 만 것이었다.

화장품을 주력업종으로 국내 재벌기업의 하나가 된 태평양이 숙고 끝에 녹차 시장에 뛰어들기로 한 것은 이 무렵이었다. 정치적인 뒷거래가 있었는지 여부는 제쳐놓고라도, 안목있는 사업가로써 뛰어들만한 시기였다.

우선 명분이 좋았다. 화장품으로 얼굴과 피부를 아름답게 하고, 차생활로는 몸가짐과 마음가짐을 아름답게 한다는 것이니 화장품 사업에도 도움이 되고, 기업 이미지도 나아질 수 있었다. 둘째 제다 시설만 갖추면 당장 생산과 판매가 가능하여 투자기간을 최소화 할 수 있었다. 보성 차농들의 차엽을 얼마든지 싼값에 공급받을 수 있었던 것이다. 셋째 그렇게 하면서 대규모 다원을 새롭게 조성해 나가면, 시장이 넓어지는 데 대한 대비도 되고 부동산 투자 면에서도 손해날 일은 없는 사업이었다.

태평양은 꼭 그대로 실행한 위에 ▲차생활 예절 보급에도 힘썼고 ▲다서의 출판 보급에도 앞장 섰으며 ▲다예박물관까지 만들어 당시의 차문화 부흥 운동가들을 크게 고무시켰다. 현상공모를 통해 "설록차(雪綠茶)"를 상표로 정하고 제주도와 호남 월출산 부근에 수십만평씩 대규모 토지를 사들여 다원을 조성했다.

모든 것은 재벌기업다운 술수를 동반했다. 자체에서 조성한 다원의 차나무가 자랄수록, 그것은 보성 차농들에게 위협이 되었다. 자체에서 생산되는 차엽만으로 충분해지는 시기가 온다면 보성의 차나무들은 다시 쓸모없어질 것이 뻔했다. 이를 예고하기라도 하듯 보성 차농들이 태평양에 납품하는 차엽 가격은, 물가상승폭에 의해 해마다 오르는 것이 아니라 반대로 해마다 떨어졌다.

결국 이 문제는 86년 쯤 현실로 닥쳤다. 태평양은 자체적으로 모든 것을 해결할 수 있게 되자 보성 차농들은 여지없이 외면당했다. 이에 최연호 씨등이 보성 차농을 대표하고 나서서 당국에 선처를 호소하는 등 뛰어다닌 결과, 당국은 다소 여건이 미흡하지만 제다공장 허가를 내주게 되었고, 각각 독립하는 것으로 더 악화되지 않고 수습되었다.

지엽적으로는 이러한 우여곡절이 있었지만, 그러나 태평양의 참여는 차를 널리 알려 차생활 인구를 늘리는데 결정적 공헌을 하였다. 그리고 심리적 측면에서 차생활 운동가들이나 산업에 종사하는 이들의 든든한 의지가 되었던 것 또한 부인할 수 없다.

다인들이 가장 고민스러워 했던 또 하나의 분야는 다기(茶器)였다. 지금은 도자기를 만드는 사람마다 다 다기를 만들지만, 70년 이전에는 다기(茶器) 구하기가 쉽지 않았다. 도대체 차를 아는 도공이 드물었다. 해인사 아래에서 요(窯)를 경영하고 있는 토우 김종희 씨의 회상을 들어보자.

…6·25 후 효당스님은 국회의원 그만두고 해인사에 계셨지요. 요에 자주 오셨습니다. 차를 마시고 싶은 데 그릇이 없는 고민이 있었던 겁니다. 효당스님이 만들어 보라는 대로 만들어 보았어요. 지금 생각하면 참 우스운 모양들이었죠…

도자기에 대한 인식이 말할 것도 없이 희박했던 때 전차(煎茶)용 다기 만들기는 그렇게 시작되었다. 토우(土偶)라는 이름은 그때 효당이 지어준 것이라고 했다. 엉성한 그릇이나마 만들어주니 스님은 매우 기뻐했고 차를 보내왔다고 했다. 그러나 토우는 맛이 없어 마시지 않고 두었다가 버렸다고 했다.

…77년 쯤일 겁니다. 이방자 여사, 광주의 의재선생, 효당스님과 더불어 차모임을 처음 만들었습니다. 그때부터 차를 마시기 시작했습니다. 그후 해인사에 차마시기 바람이 불었습니다. 도범, 여연 등 젊은 스님들이 그때 해인사에 있었습니다. 스님들은 매일같이 찾아와 다기를 만들어 달라고 청했지요. 만드는 족족 스님들이 다 가져갔습니다. 도범이 갖고 간 것만 천 벌은 넉넉할 겁니다. 스님들은 그 대가로 차를 가져왔었어요. 그때쯤 저도 꽤나 차를 즐기는 사람 축에 들게 되었었지요. 그렇게 지내는 사이 차는 참 좋은 음료라는 데 사람들의 의견이 모아지기 시작했습니다. 이런 좋은 차를 우리만 마실 게 아니라 많은 사람들이 마시도록 해야 겠다는 생각을 하

게 되었고, 그래서 어느 정도 형태가 정립되자 다기를 본격적으로 만들게 되었고, 값은 싸게하자 하여 80년까지도 한세트 1만원만 받았습니다…

여기서 잠시 도자기 쪽을 회상해 보면, 도자기 역시 아무도 거들떠 보지 않는 버려진 분야였다. 차와 도자기가 불가분의 관계이기에 차문화 상실은 곧 도자기의 침체를 뜻했다. 한국의 도자기가 다시 기지개를 켜는 것은 일본인들에 의해서였고, 그것은 다완(茶碗)으로부터 시작되었다.

64년 한·일 국교 정상화가 이루어진 뒤 일본의 다인들은 슬슬 한국을 방문했다. 그들은 한국의 옛도요지 지도를 가지고 지방을 누비고 다녔다. 그들이 노린 것은 말할 것도 없이 "조선다완(朝鮮茶碗)"이었다. 임진왜란 이후 오늘날까지 다도는 줄곧 일본 사회를 지배해 왔기에, 다도를 모르면 수치로 여겨야 했고, 다인 행세를 하려면 조선의 다완 하나는 가지고 있어야 하는 게 야릇한 일본 사회였다.

센리큐(千利休) 이래 다두(茶頭) 그룹이 예찬을 아끼지 않은 것은 모두 조선다완이었다. 그들은 조선의 다완에서 편안한 선, 소박한 질감, 자연의 멋, 넉넉한 공간(包容力) 등 인생에 교훈을 주는 20여가지의 아름다움을 발견하고 "다완 감상"을 다도의 중요한 절차에 포함시켰다. 특히 최고의 명품으로 여긴 것은 임진왜란 때 빼앗아간 이도(井戸)다완으로 그중 대표적인 것은 국보(國寶)로 지정되어, 박물관내에서도 방탄유리 안에 모셔지는(?) 대접을 받고 있었다. 다인들 간에 거래되는 다완의 금액도 수천만엔(円)을 훗가하는 등 만만치 않았다.

그런데 한국의 시각에서 보면, 그건 전혀 특별할 것 없는 막사발이었다. 심하게 표현하면 개밥그릇 같은 거 였다. 도공들이 제몫의 일을 끝낸 뒤, 이웃이나 머슴들 청에 의해 잠시 물레질하여 만들어 주는 정도의 가볍고 용도 많은 그런 사발이었다.

가난한 한국의 도공들 중에는 60년대 후반과 70년대, 이들의 요청에 의해, 그릇 만들기보다 그릇 구해주는 역할을 한 사람이 많았다. 구해주는 정도에 그치지 않고 아예 호리(盜掘)꾼으로 나선 이들도 있을 정도였다. 일본 실정을 알 리 없는 이들은 하찮은 막사발에 몇천원씩이나 쳐주는 그들을 희한하게 여겼다.

까짓거, 하며 만들어 준 사람도 있었다. 70년대 초 문경의 천한봉, 서성길 씨 등이 다완을 대량으로 만들었고, 신정희 씨는 그것을 일본인에게 팔았다. 73년까지 한 개 1백원이었는데 하루에 3백개 정도를 만들었으니 대단한 수입이었다. 그들은 이 그릇이 어떻게 쓰이는지도 모르면서 만들었다. 이들 세 사람은 이 때의 인연으로 다완(茶碗)의 명인이 되어 갔는데 그 과정은 우여곡절 투성이었다.

도천(陶泉) 천한봉(千漢鳳)씨를 예로 들면, 판매를 맡았던 신정희 씨가 가마를 따로 만들고 독립하자 다른 활로를 찾아야 했다. 우여곡절 끝에 74년 미도파화랑에서 유근형, 위군섭 씨 등과 다완 전시회를 갖게 되었다. 그것이 인연이 되어 일본의 동양미술은 '천한봉 일본초대전'을 기획했다.

그들은 전시장 한 가운데 물레를 설치하고 천한봉이 다완을 만드는 모습을 직접 보여주도록 청했다. 전시회는 대성황이었는데, 천한봉 씨 회고에 의하면 그 순간까지도 자신은 차를 몰랐고 차완의 존재의미나 용도를 정확히 몰랐었다고 했다.

…일본의 다도를 접한 건 그때였지요. 다인들은 제 그릇에 열광하며 다회에 초대했습니다. 그들의 다회하는 모습은 굉장한 충격이

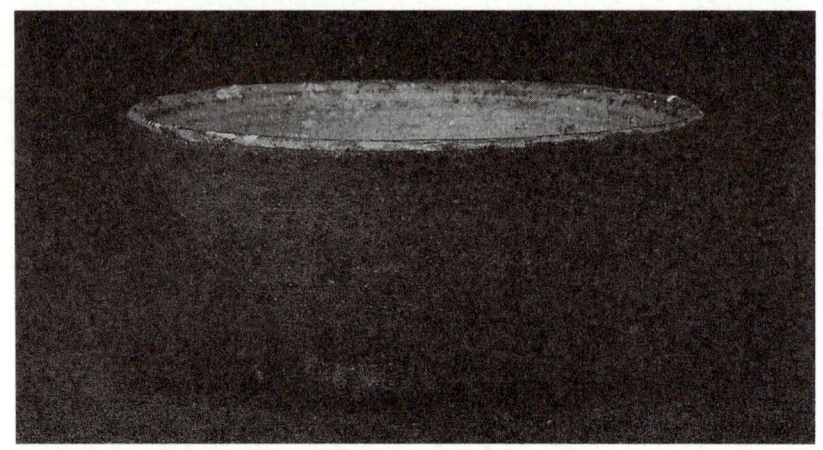

한국에서보다 일본에서 크게 평가 받고있는 16세기 형의 다완

었습니다…

 이후 도천은, 그저 기계처럼 똑같은 다완을 만들던 자세에서 벗어나 그릇 하나하나에 혼을 담기 시작했다. 한 개 1, 2백 원이던 그의 다완은 10년 후인 84년 쯤에는 한 개 이십 만원에 팔렸고 일본에서는 20만 엔의 정가가 붙게 되었다. 다완으로 명성을 얻은 도공들은 차츰 그 업계의 귀족으로 부상했다. 비슷한 시기 다완으로 명성을 얻은 조령요 신정희 씨의 회상도 들어보자.

 …그것은 우리 상식으로는 서민대중이 쓰던 사발이었습니다. 그러나 자칭 골동품 애호가라는 일본인은 그 막사발 앞에서 무릎을 꿇었습니다. 방석을 가져오게 하고 그 위에 사발을 올려놓고 감탄을 연발했습니다. 오오, 훌륭하십니다. 이것이 조선다완이지요. 가락지를 뺀 두 손으로 들어올리며 보배처럼 감상했습니다. 그때, 그러니까 70년대 초 내가 만들어 재현에 성공했다는 것은, 차를 담으면

그릇 안에 반점같은 꽃이 피는 분청 사발이었습니다…

그러나 근본적으로 이들이 각광을 받을 수 있었던 것은 기능적인 면보다는 흙에 있었다. 일본이 기능이 뒤져서 조선다완을 끔찍하게 여기는 것은 아니었다. 그들이 예찬하는 순수·질박한 다완의 성질에는 시생대(始生代) 토질(土質)의 고령토(高嶺土)가 있어야만 했는데, 그런 흙이 일본에는 없었던 것이다.

다완의 예는, 소수 도공만이 참여했지만 일본을 시장으로 하여 도자기 업계를 급신장시키는 계기가 되었다. 그러나 다관을 포함하는 전차용 다기(茶器)는 그렇지 못 했다. 전차용은 일본인들이 그렇게까지, 한국의 그릇을 원하지 않았다. 전차용 다기를 어떻게 만들어야 좋을지 몰라 힘들었던 것은, 이 다기만큼은 일본 것과 다른 모양을 만들려고 했기 때문이었다.

현대에 재현한 이도다완(井戶茶碗). 16세기 한국에서 만들어진 막사발을 일본은 국보로 지정했다.

일반 다기도 다완처럼 그냥 생각나는대로 만들면서 차츰 우리 것, 우리 그릇 선을 찾아 나갔으면 편했을 것을, 일본 것을 모델 삼기는 하되 흉내낸다는 소리 듣기는 싫었던 것이었다. 전체적 모양이나 그릇의 기능에서 달라져야 할 것은 없었다. 그럼에도 뚜껑의 모양이나 주둥이 형태, 몸통 선 등에서 특징을 달리 하려고 하다보니 여간 그릇이 우스워지는 게 아니었다.

다관에서 제일 문제가 되었던 것은 손잡이였다. 귀처럼 둥글게 하자니 중국식이 되고, 일자로 만들자니 일본식인양 여겨졌다. 그렇다면 남는 건 보통 주전자의 손잡이 모양 위로 둥글게 엮는 것 뿐인데, 그렇게 하는 것은 끈이나 다른 재질로 하여야 했고, 해보니 차내기(行茶)가 불편했다.

우리 고유 모델로 다관과 비슷한 것에 약탕관(藥湯罐)은 있었다. 또 쇠주전자나 은(銀) 동(銅) 제품은 많았다. 그러나 도자기로 만든 차우림 주전자는 없기 때문에 문제가 된 것이었다. 선조들은 대체 어떤 모양의 용기에 차를 우려 드셨는가.

어쨌든 일부에서는 급한대로 만들어내기 시작했다. 방법을 찾아 봐야 마땅치 않으니까 그냥 비슷하게 우선 만들었다. 토우(土偶)도 그 중의 하나였다. 아무리 연구해 봐야 차주전자(茶罐)가 더 특별해질 수 없었다. 같은 형태이되 선(線) 만 한국적인 특징을 살려가는 쪽으로 시도한 것이다. 과연 어떤 것이 한국의 선이냐는 문제도 사실은 나중이었다. 급하니까 개의치않고 만들기 시작했던 것이다. 일단 택한 손잡이는 일자였다. 차를 해보니 녹차에는 일자 손잡이가 가장 편했다. 도공들은 일자 손잡이에 "멍텅구리"라는 이름을 붙였다.

재미있는 것은 한·일간 문화교류가 잦아지면서 이 손잡이를 저희 것이라고 주장한 일본인들이 있었다. 차시범을 보이는 중 그들은 일자(一字)형 손잡이를 가리키며 "이것은 일본식인데 왜 한국의 전통문화에 포함시키는가" 하고 물어왔다. 그는 그 증거로서 16세기 것으로 추정되는 다관을 내 보였다. 그 무렵 마침 인천 길병원의 이귀례(李貴禮) 원장은 귀한 다관 하나를 손에 넣었는 데 6세기 가야 말기의 것이었다. 그 주전자 손잡이가 일자형이었다. 그것을 본 일본 다인들은 다시는 그런 주장을 하지 않게 되었고, 다기에 있어서의 왜색 시비는 사라지게 되었다.

이후 이 형태의 다기가 우리 것으로 자리잡기 시작했다. 도공들은 저마다 다기를 필수 품목의 하나로 삼게 되었다. 그러나 초기의 다기는 엉성하기 짝이 없었다. 몸체와 뚜껑이 제멋대로 노는 것이 허다했고, 차를 모르는 도공이 만든 것에는 다관 안의 체구멍이 막혀 물이 나오지 않든가, 주둥이에서 물길이 끊어지지 않는 것도 많았다. 또 광물성은 차와 상극임에도, 광물성 유약을 잔뜩 입혀 번쩍거리는 다기를 내놓고 내 것이 최고라는 도공도 생겨났다. (지금도 그런 제품은 많다)

그러나 날로 확산되는 차생활운동에 힘입어 다기 시장은 수직상승했고, 생각있는 도공들은 품질향상을 위해 꾸준히 노력하여 결점은 속속 보완되어 갔다.

다기 다음에는 다구(茶具)가 개발 대상이 되었고, 그 다음에는 다실과 정원에 대한 연구도 진행되었다. 다실과 정원이 연구의 대상이 된 것은, 어쨌든 다인들이 일본의 형식을 참고하면서 한국의 본래 모습에 접근해 갔기 때문이었다. 정원과 로지(露地)는 같은 개념에서 이해될 수 있었다.

옛 것이랄까, 우리 것을 되찾자는 분위기는 이렇게 차근차근 앞으로 나가며 열기를 더해, 골동품(骨董品)과 서화(書畵)쪽으로도 번졌다. 그러던 중 우리 것의 가치가 상승하면서 투기바람이 불기 시작했다. 100%라고 해도 좋을만큼 한국인들 끼리의 투기바람이었기에 작전 시비도 일고, 가짜가 등장하여 물의를 빚기도 하였지만, 그 바람이 우리 것을 귀하게 여기는 풍토조성 측면에서는 긍정적으로 작용했다. 옛것이라면 다기구도 엄청난 값에 거래되었다. 웬만한 가정에는 다 있던 다식판(茶食板) 하나가 수십만원에 거래되고, 무쇠 솥, 무쇠 주전자, 화로 등 하찮은 생활용구도 옛것이라면 귀하고 비싸졌다. 특히 다성(茶聖) 초의(艸衣)의 유품은 부르는 게 값이 되었다. 여기서 일부 차생활 운동가들은 그 유혹을 이기지 못하여 골동품에 더 열중하기도 하였다.

그러나 대체로 다인들은 그런 투기나 들뜬 분위기에 초연했다. 그들은 점점, 정말 순수하고 진정한 애국자들이 되어갔다. 말하고 가르치는 차정신(茶精神)에서, 누구보다 먼저 교화(敎化)된 것이 자신이기 때문이었는지 모른다. 그들은 모든 옛 것의 가치를 새롭게 부활시켰다. 판소리 국악도 새로운 모습으로 거듭나게 되었고, 나아가 전통예술문화 전반에 대한 일반의 인식을, 새롭게 하는데 많은 공헌을 하였다.

70년대 후반에 일어났던 모든 움직임이, 하나같이 차생활운동에서 비롯된 것이라고 말할 수는 없겠지만, 그러나 여러 가지 정황을 고루 살펴볼 때, 차생활운동가들의 기여는 적은 것이 아니었다.

차운동 일선에 나선 승려와 여성

1980년대 차생활 운동에 가장 적극적인 세력의 하나는 불교인(佛敎人)이었다. 차가 불교를 따라 전래했고 사원 중심으로 명맥을 이어왔다고 보면 그것을 특별하다 할 수 없었다. 더구나 역사의 오랜 기간 불교가 국교(國敎)였던 나라 실정에서 차생활운동에 승려들의 참여는 당연해 보였다. 그러나 노스님들은 조용한 데, 젊은 승려들이 목소리를 높인 것은 자연스러운 게 아니었다.

불가(佛家)의 이러한 움직임은 비구승 대처승 정화 이후 가장 큰 문제로 대두된 "불교의 대중화"와 때를 같이 함으로써 하루가 다르게 열정을 더 해 갔다. 차생활 운동을 불교 전도 차원에서 펼친 것이었다. 근대에 와서 차생활의 중요성을 일깨워준 초의, 효당이 모두 승려였고, 차생활운동에 참여한 주요 인사들 역시 종교적 성향이 같아 이를 탓할 사람은 없었다.

그러나 통일된 이론이나 수평적 화합을 이루지 못 하고, 저 마다 제 신도를 대상으로 개성있는 주장을 편 것은 후일 다인들을 더욱 여러 분류로 갈라놓는 계기가 되었다.

물론 차 이전에 불교의 종파 대립이 있었다. 차생활 운동과 관련하여 가장 영향력 컸던 대립은 송광사를 중심으로 한 수선사(修禪社)와 백련사를 중심으로 실천중심 수행인들이 뭉친 백련결사(白蓮結社)였다. 차 운동의 일선에 나선 것은 백련결사 쪽이었고, 이들을 비웃듯 조용히 - 혹은 무관심하게 - 지낸 것은 수선사 쪽이었다. 그리고 명망있는 노스님들도 수선사 쪽이었다. 그들은 초의(艸衣)를 다성(茶聖)으로 추대하는 일 조차 "부질없는 짓"이라며 거부했다.

반면 차운동에 나선 승려들은 설법하는 선에 머무르지 않았다. 다기 다구 만드는 법을 가르쳐 주었고, 좋은 차 만들기와 선택법까지 알려주다가 이윽고는 자기 법명이나 절 이름을 상표처럼 붙여 차와 다기를 직접 만들어 팔기까지 하였다. 젊은 승려들의 이와같은 활동은, 차생활을 널리 알리는 데는 공헌하였으나 차에 불교색을 짙게 담은 면에서는 오히려 저해하는 결과가 되었다. 차·다기 가격도 결국은 그들에 의해 천정부지로 높아졌다.

경복궁에서 열린 신사임당의 날 행사. 해를 거듭할수록 다례의 비중이 높아지고 있다.

70년대 후반까지만도 차값이나 다기값은 참 쌌었다. 3천원 정도면 상품의 차를 200그람 정도 살 수 있었고, 위에 토우(土偶)가 말했듯이 다기값이라 해야 1만원 안팎이었다. 그랬던 것을 승려들이 "○○스님 수제차" "△△寺 차"하면서 일반보다 두 배 세 배의 값을 붙였던 것이다. 수제차라지만 당시는 일반 제품도 거의 수제였다. 색향미에 특별히 나을 것이 없었다. 일부 승려는 부도덕하게도 기존 제다공장의 제품에 상표만 자기 이름을 얹어 "특별히 만든 수제품"인양 속여서 팔기도 했다.

이런 류의 비밀이 오래갈 세상은 아니었다. 특별할 것 없는 차가 비싼 값에 잘 팔리자 "비싸야 팔리는 것(?)"을 깨달은 일반업자들도 덩달아 값을 올리기 시작했다. 게다가 차 인구는 점점 늘어나 공급이 딸리는 현상도 생겼다. 해가 다르게 차는 품귀해지고, 값은 큰 폭으로 올랐다.

값 싸고 건강에 좋은 우리 차 마시기 운동은 주춤하게 되었다. 차와 다기가 비싸지고 귀해짐에 따라 상류층의 놀이로 귀족적인 성격을 띠게 되었으니 차생활 운동가들도 그만 긴장하게 되었던 것이다.

우여곡절 속에서도 차생활 인구는 점점 늘어 이윽고 전국적인 차원에서 차운동은 거론되기 시작했다. 77년 8월, 몇몇 인사들이 진주 다솔사에 모여 전국 차원의 한국다도회(韓國茶道會)를 발족하였다.

회장은 효당(曉堂) 최범술, 부회장은 전각가(篆刻家) 청사(晴斯) 안광석·도예인 토우(土偶) 김종희, 사무국장은 교육계(敎育界)의 아인(亞人) 박종한 교장이 맡아 차생활 문화의 조직적인 발전을 시도했다. 그러나 첫 움직임은 내부적인 사정으로 다만 한 가지도 뜻을 이루지 못하고 무산되고 말았다. 이때 계획했던 일 중에는 "차의 날"을 제정하자는 안건이 있었다. 차로서 경천(敬天) 사상을 고취하기 위해 "차의 날"을 제정 선포하자는 것이었다.

입춘으로부터 1백일 째 되는 날(5월 25일 경)이 한 해 차 농사를 마치는 때이니, 이 날을 택하자는 데 의견이 모아졌다. 경천 사상을 고취하기로 말한다면 차나무에 잎이 돋기 시작하는 4월 15일 전후가 더 적절할 듯 싶건만 왜 추수의 개념으로 차 농사 끝내는 싯점을 택했는지는 아무도 이유를 설명하지 않고 있다. 어쨌든 박종한 사무국장이 자료를 모으고 최범술 회장은 선언문을 작성하기까지 했지만, 그러나 행사를 갖기 전에 한국다도회가 해체되어 선포식은 자동 연기되었다.

그런데 이 일 이후 이상한 변화가 일어났다. 이때까지는 - 기 거론된 인사들 명단에서 짐작할 수 있듯 - 차운동을 남성들이 주도했었는데 우연일까, 한국다도회가 해체되면서 치마바람이 다계(茶界)에 침투하기 시작했다. 이와함께 왜색시비가 드세지기 시작했다. 사실상 걸러지지않은 일본의 다도가 치마바람과 함께 거침없이 곳곳을 침투했고, 한편에선 이에 대한 거부의 소리가 높아졌다.

센리큐(千利休)의 후손인 교토(京都) 천종실(千宗室) 우라셍케(裏千家)로 대표되는 일본의 엄격한 말차도(抹茶道)가 거침없이 공공 장소에서 시연되었다. 그리고 이를 주도한 인사들은 전차(煎茶) 예절의 상당부분에 일본의 이러한 말차도를 편입시켜 버렸다. 한복을 곱게 차려입고 게다 신은 일본인처럼 종종 걸음을 걷는 해프닝도 심심찮게 벌어졌다.

주인을 팽주(烹主), 손님을 팽객(烹客), 차 넣기를 투차(投茶), 물 끓이기를 숙수(熟水)라고 하는 따위 용어들도 인식이 돌변하여 거부감 조성에 한몫했다. 그것은 일본에서 사용하는 다도용어들이었다. 효당의 글을 통해 익히 알려진 용어가 되었으나, 분위기가 달라지니 받아들이는 자세도 달라져 버렸다.

행차는 남녀 구분보다 좌장(座長)의 의무이자 권리임에도 불구하고, 이것이 무시되고 여성들이 팽주석(烹主席)을 독점하다시피 했다. 치마바람은 여기서 그치지 않았다. 과정보다 결과를 중시하는 풍조가 생겨, 인품이나 덕망보다 차를 언제부터 마셨느냐로 선후배를 다투게 되었다. 차 정신, 차 철학, 다인의 자세보다 형식예절을 앞세우기 시작했다. 심성을 순화하자는 운동이 여성들의 예절운동으로 둔갑하여 절하기 한복 바르게 입기 등의 생활교육을 겸하게 되었다. 변화는 순식간의 일이었다.

차생활의 필요성을 역설하던 성균관 대학의 이상일 박사 등 석학(碩學)들의 소리는 이때를 전후하여 슬그머니 커튼 뒤로 물러가 버렸다. 이후 차생활 예절은 여성들이 주도하게 되었다.

차예절 운동의 선구자 중 한 분인 명원 김미희 씨는 일본 방문에서 다도를 접하고, 우리에게도 그런 예절이 필요하다고 생각되어

차문화 계도에 앞장섰던 효동원 강의실. 故 정원호원장 옆에 김충렬교수가 보인다.

한국인의 움직임을 바탕으로 차의 예절을 만들었다고 하였다. 예지원 설립자 강영숙 원장 역시 일본인들이 하는 모습을 보고 그 필요성을 느껴 관심을 갖기 시작했음을 부인하지 않는다.

　그중에는 교토에서 다도 사범학교를 나온 광주요 윤규옥 씨 같은 분도 있었고, 어깨넘어로 본 것을 토대로 혼자 만들어 "고유의 차예절"이라고 주장한 사람도 있었다. 차생활 예절 열기는 이들에 의해 무수히 많은 사설 다회·다도학원을 만들게 하였다. 차가 유행의 중심이 되자 꽃꽂이(花道)계 여류들이 대거 다도로 몰려 들었고, 꽃꽂이에서처럼 학원마다 수료증·사범증을 만들어 주는 사태로 발전하였다. 그러나 그래도 70년 대는 밖으로까지 그런 모습을 드러내지 않았다. 한 발 물러나 밖에서 보는 차운동은 - 태풍 전야의 고요함이었는지 모르지만 - 평온하고 아름답게만 보였다.

일지암 복원과 차의 날 선언

　1979년 1월 20일. 최범술, 박종한, 김미희, 박태영 등을 발기인으로 한국차인회가 새롭게 출범했다. 회장은 식물학자 이덕봉 씨, 부회장은 박종한, 김미희 씨가 피선되었고, 사무국은 정학래 씨를 상임이사로 운영케 되었다. 최범술, 안광석, 이방자, 박동선 씨는 고문으로 추대 되었다.

　사회적으로 공인받는 명사들의 회동이요 결의였다. 첫 모임을 서울 무역회관 그릴에서 가진 그들은, 한국차인회 결성과 동시에, 첫 사업으로 다성(茶聖) 초의(艸衣)의 거처였던 해남 대흥사의 일지암을 복원하기로 하였다.

　해남차인회가 쾌재를 불렀음은 물론이다. 그들은 곧 해남차인회와 연계하여 "일지암복원 추진위원회"를 구성하고, 전시회와 성금 모금을 통해 재원 마련에 들어갔고, 일지암 복원에 착수했다.

　일지암은 그렇게하여 80년 4월 15일 복원되었다. 이 일지암 복원은 "차운동"에 커다란 전기가 되었다. 각각 목소리를 달리하는 다회들도 일지암 행사에만은 조건없이 참석해 일체감을 나눴다. 차운동의 중심은 일지암 복원을 계기로 진주에서 해남으로 옮겨졌다.

해남차인회의 한학자 김두만, 극작가 김봉호, 대흥사의 석용운 등은 일지암 복원과 더불어 전국 무대의 강단에 서게 되었다.

호남의 다인들이 비교적 늦게 중앙무대에 참여하는 것은 그들 특유의 - 조용히 차를 즐기는 - 음차풍(飮茶風) 때문으로 이해되어야 할 것이다. 그러나 일지암 복원과 더불어 조명을 받기 시작하자, 그들에게도 논리가 필요해졌다. 역시 예절이 문제가 되었다. 조용히 마시기로만 말할 것 같으면 도무지 보여줄 게 없었는데, 다도의 열기는 예절과 함께 번지고 있었던 것이다. 호남은 정말 예절에는 무관심했다. 초의의 법손 응송이 생존해 있음에도 일선에 나서지 못한 것 역시 "차는 자연스럽게 마시는 것 이상 아무 것도 없음"을 고집했기 때문이었다. 이에 호남의 다인은 둘로 갈라져 "차 예절"의 필요성을 시인하는 일부만 한국차인회에 합류하고 말았다. 여기 차를 만드는 사람과 다기 다구 생산에 종사하는 사람이 가세했다. 한국차인회는 점차 명실상부(名實相符)한 전국 모임이 되었다. 지방에 산재한 다회, 연구 모임, 학원들도 어떤 형태로든 한국차인회에 가담하게 되었다.

80년 7월에는 명원다회(대표:김미희) 주최로 궁중차생활, 승가차생활이

한국차인회에 의해 하동 쌍계사 경내에 세워진 신라 건당사 대렴공 추원비.

세종문화회관에서 발표되어 주목을 끌었고, 9월에는 한국차인회 주최 "차문화 발표회"가 한국정신문화원 강당에서 열렸다. 이 두 발표회는 유난히 매스콤의 조명을 많이 받아 다례(茶禮)에 관한 기초 자료를 일반에게 선보이는 계기가 되었다.

그러자 차예절은 대중사회에 논란의 대상이 되고 말았다. 따지기 좋아하는 사람들은 고증을 대라며 이의를 제기하기에 이르렀다. 차 선생들은 궁지에 몰리고 말았다. 고증은 안 되기 때문이었다. 반대의 목소리는 왜색을 들먹이며 민족감정까지 자극하는 일도 서슴치 않았다.

그러나 다례법 주장은 고개를 숙이지 않았다. 따지고보면 숙여야 할 까닭도 없었다. 명원 김미희 씨는 참기 힘들때면 무겁게 한 마디 하였다. "당신들이 일본의 무엇을 안다고 함부로 왜색 운운합니까"고 꾸짖으며 당신의 뜻을 밝혔다.

…우리에게 그런 식의 다례법이 있었는가 없었는가는 역사 기록

경남 하동에 세워진 차시배지 기념탑

이 부실한 나라사정에서 후일의 문제로 돌려야 합니다. 어쨌든 "다례(茶禮)"란 차 예절인데, 그 용어는 현재도 사용하고 있으니 근거가 전연 없다고 할 수는 없겠지요. 문제는 그것이 아니라 지금 시대 여성들의 예절이 너무나 땅에 떨어져 있는 것입니다. 그 예절을 "다례"로 바로 잡아보자는 시도인 것입니다. 시아버지 진지상을 들고 방에 들어가는 며느리가 궁둥이로 문을 여닫는 것이 한국 여성의 예절은 아니지 않습니까? 몇번을 생각해도 차는 참 적절한 선택입니다. 그런 목적에서 다례법에 착안했고 이를 보급 발전시켜, 궁극적으로 자꾸 허물어져가는 한국 여성상을 바로 세워보려는 의도인 것인데, 이런 노력이 왜색과 무슨 관련이란 말입니까…

다실에서 예절 바른 행동을 몸에 익히고, 그 예절에 익숙해진 몸가짐으로 일상생활, 사회생활을 한다면 동방 예의지국 여성의 아름다움이 머잖아 다시 살아나게 되리라고 믿었던 것이고, 그 믿음을 이루기 위해 차 운동에 예절교육을 심어 열심히 보급하려던게 전부였던 것이다.
　여사의 순수한 뜻은 바르게 전달되지만은 않았다. 예절을 익히기 위해 차를 하는 사람보다 남에게 과시하기 위해 차를 하는 사람이 그 문하에도 많았다. 일주일에 한 번, 혹은 한 달에 두어번 있는 모임에서나 차를 마시는 정도에서 수제자를 자처하고, 다인(茶人) 행세를 하는 사람이 있었던 것이다. 물론 바른 제자도 있었지만, 여사가 원했던만큼 순수하게 따라주지 않았다. 시간이 흐를수록 다도는 여성의 전유물, 예절 교육의 수단으로 그 성격을 굳혀갔다. 그들은 화려한 다도의 시나리오를 준비하고 곳곳에서 시범을 통해 회원들을 모아갔다. 국적불명의 다례법을 창안해 스스로 도취하고, 나아가 "유한 여성들의 놀이"로 만들어 갔다.

…술이 남자들의 시끄러운 집합을 위해 생겼다면, 차는 우아한 여성들의 한적한 모임을 위해 마련되어진 것이다. 차를 마시는 것으로는 건강을 돕고, 피부를 윤끼있게 한다. 또 차를 행하는 것으로는 여성적인 아름다움을 섬세하게 가꾸고, 예술을 수용하는 마음을 기를 수 있다. 차생활의 목적은 여기에 있다

그들은 무대 위에서, 곱게 한복을 차려입고 나긋나긋한 손놀림 몸놀림으로 다도를 선보였다.

…차는 음미하는 것이기 때문에 서너 번에 나누어 마셔야 합니다. 조금씩 입에 넣고 혀 위에서 돌리며, 남기지 말고 마셔야 합니다. 다 마신 후에는 빈 찻잔을 감상하면서 정중하게 내려 놓으십시오.… 이제 눈을 지긋이 감고 명상을 하십시오. 입 속에 남아있는 차의 향기와 맛을 재음미하면서 고요한 마음을 얻도록 하십시오…

더없이 친절하면서도 까다롭게 전파된 다례의 범절은, 본능적으로 아름다움을 추구하는 여성의 심리를 사정없이 파고들어 자극하고 부러움을 일게 하였다.
좋은 분위기의 다실이 있어야 하고, 다기 다구도 최고급품으로 갖춰야 했다. 여성들은 경쟁적으로 우아한(?) 다실을 마련하고 내부를 옛스러운 고급 다구와 명성있는 예술가의 작품으로 채웠다. 여성들의 욕구가 창출해 내는 수요는 끝이 없을 것만 같았다.
일각에서는 드센 반발이 일었다. 이 바쁜 세상에 그런 차를 어찌 마실 것이냐. 유한층의 비싼 취미라면 왜 대중을 현혹하느냐, 하고 외쳤다. 그러나 관심층은 점점 두터워지고 다양해지고, 사단법인 한

국차인회 입회를 희망하는 사람들은 늘어났다. 우리 문화에 갈증을 느끼는 정도가 그만큼 심했었던 것이다.

여성 위주, 예절 중심으로 차 운동은 변화하고 있었지만 한국차인회는 이를 별 문제로 여기지 않았다. 그것도 부분적으로는 필요한 일이라고 여겼다. 그보다 정부를 설득하고 움직이는 것이 더 시급한 당면과제라고 여겼다. 지나치게 예절을 강조하여 비판의 소리가 여기저기서 들렸지만 차인회는 초연했다. 우리 정신을 되 찾자는 운동임을 내세워 정부의 적극적인 관심과 지원과 참여를 촉구하는 데만 주력했다. 차생활 운동을 통하여 국민 심성을 순화시키자고 했고, 100% 수입인 커피를 몰아내고 국내에서 산출되는 차를 일상 음료화 함으로써 수입대체 효과를 가져올 수 있다고 설득했다. 예절 중심, 행차 위주의 차운동은, 시비가 많은 만큼이나 한계도

차생활운동 태동기 한국차인회 회의모습. 좌로부터 김종희, 박동선, 송지영, 정원호 씨.

뻔한 것이었다. 아무리 강조해도 부족한 것이 예절이라지만, 그러나 예절을 위주로 차생활 운동을 편다는 것은 중정(中正)을 지표로 삼는 차생활의 본지에도 어긋나는 일이었다. 그러나 아무도 이 문제를 심각하게 받아들이지 않았다. 과도기 현상의 하나로 가볍게 넘기려 했던 것이다.

그런 가운데 한국차인회는 다인들의 단결력을 과시하기라도 하듯, 81년 1월 설악산 파크호텔에서 가진 창립 2주년 행사에서, 차의 날 선포식을 가질 것과, 삼국사기 흥덕왕 조에 차씨를 가져온 것으로 되어있는 대렴 공 추원비를 지리산의 차 시배지에 건립하기로 하였다.

이 계획에는 드러내지 않은 목적이 있었다. 일지암 복원으로 차 운동의 중심지가 호남으로 옮겨짐에 따라 상대적으로 위축된 영남의 다인을 위로(?)하는 뜻이었다.

분위기가 고조된 탓에 이 두 번째의 두 가지 사업은 일지암 때보다 더 쉽게 일사천리 순조롭게 이루어져, 목표했던 5월 25일 하동 쌍계사(雙溪寺) 입구에서 추원비 제막식을 가졌고, 이어 행사장을 진주 촉석루로 옮겨 차의 날을 선포하게 되었다. 많은 내외 귀빈과 보도진, 또 전국에서 회원들이 참석하여, 그야말로 단결력을 과시하며 성대하게 이루어진 선포식이었다. 이날 낭독된 차의 날 선언문은 다음과 같다.

…깃을 지닌 새들은 날고, 털을 지닌 짐승은 달리고, 사람은 입을 열어 말을 한다. 이 삼자는 다 같이 천지간에 살면서 물을 마시고 쪼아 먹으므로 살아간다. 마신다는 것은 인간의 기원과 같이 실로 유구하며, 물을 데워서 마시는 것은 문화의 시발이라고 할 수 있다. 그러므로 문화민족에게는 제나름대로의 독특한 음료가 있다. 우리

민족도 예로부터 나뭇잎을 따서 달여마신 백산차가 있었고, 오곡을 볶아 우려 마시기도 하고, 나무 열매를 달여 마시기도 하였다. 차가 우리나라에 성행하게 된 것은 신라 흥덕왕 때부터였고, 그 후 천년 동안 차는 우리 민족에게 예절바른 생활을 낳게 하였다. 사색을 즐기는 성품을 기르고, 풍류의 멋을 가꾸어 오면서 나라와 겨레의 후생을 두텁게 해왔다.

이와같은 민족의 차문화 전통을 전승하고, 새로운 한국 차문화를 창조하려는 뜻으로 입춘에서 백일에 즈음하여 신차가 나오는 5월 25일로 차의 날을 제정하였다. 또 이 날을 기하여 신라 견당사 대렴공의 차 시배지인 지리산 쌍계사 계곡에 공의 유덕을 기리는 추원비를 세우게 되었다.

일찍이 다산은 술 마시기 좋아하는 나라는 망하고, 차 마시기 좋아하는 나라는 흥한다고 하여, 다신계를 만들어 차 마시기 운동을 편 바 있었다. 그리고 초의대사는 동다송을 지었고 중국차보다 우리나라차가 뒤질 이유가 없다며 우리나라 차를 칭찬한 바 있었다. 이와같이 선현들이 하신 일들은 모두 술마시는 습관과 외국차를 좋아하는 폐단을 바로잡기 위한 성스러운 일들이었다.

오늘날 우리가 차의 날을 제정하여 차 마시는 운동을 추진하는 것도 이와같은 뜻에서 나온 것이다. 허물어져가는 예절을 바로 세우고, 혼미해 가는 마음을 사색으로 바로 잡고, 삭막한 정서를 맛의 향기로 순화하여 쪼들리는 가난을 윤택한 살림으로 만들고자 하는 것은 누구나 다 바라는 바이다. 이러한 변화는 국민 생활습관의 개혁에서부터 시작되어야 할 것이므로 차문화의 생활화를 통하여 이 소원을 성취할 수 있을 것이다.

오늘 이 차의 날을 기하여, 많은 국민들이 차와 인연을 맺어, 찬란했던 민족의 차문화가 이 땅에 다시 꽃피게 될 것을 확신하면서

5월 25일을 차의 날로 선언하는 바이다.
…1981년 5월 25일 사단법인 한국차인회…

　차의 날 선포를 성공적으로 마친 한국차인회는 드디어, 차보급 운동을 정부 정책으로 끌어올렸다. 전통생활과 문화개발이라는 큰 뜻 아래 전통차 및 다도를 개발 보급하므로써, 대내적으로 국민정신 순화와 주체의식을 고취하고, 대외적으로는 우리 것을 선양하는데 기여한다는 취지로 정부가 그 안을 받아들였다.
　81년 9월 30일, 때마침 바덴바덴에서는 서울을 88년 올림픽 개최지로 결정했다. 이어 86년 아시안 게임도 서울에서 갖기로 확정한 것은 그야말로 차운동의 일선에 나선 다인들을 고무(鼓舞)시키는 일이었다.
　82년 문화공보부는 전통차 보급의 필요성과 계획을 다음과 같이 발표했다.
　▲대표적 생활문화로서 차의 생활화를 통하여 주체의식을 함양한다. ▲우리 것을 찾고 가꾸는 의식을 고취한다 ▲다도(茶道) 즉 음미와 사색을 통한 국민정신 순화와 예의·질서 존중정신을 고취한다. ▲국민 건강관리 증진에 기여한다. ▲86·88을 대비한 전통 가정생활문화를 개발한다 ▲커피나 홍차 수입에 따른 외화를 절약한다. 등이 그 필요성이었고, 차 전문잡지 발간 및 신문 방송을 통한 적극적인 홍보로 차생활 보급을 강화한다는 것이었다. 모든 일은 계단을 올라가듯 차근차근 이루어졌다.
　조야의 관심과 협조 추세에 맞추듯 82년 9월의 한국차인회는 당시 국회의원이며 문예진흥원장이던 송지영(宋志英) 씨를 삼고초려(三顧草廬) 끝에 새 회장으로 모셨다. 그러면서 문화공보부와의 긴밀한 협조 아래 전국에 산재한 동호인 단체들을 하나로 모으며 일

사불란한 체계를 세워 갔다.

  한편 문화공보부는 문교부와 협력하여 각급학교의 가사(家事)시간 및 특별활동시간·도덕시간 등을 이용한 차 교육을 도모했고, 공공 기관이나 직장인을 위하여는 상설 교육장 교양프로그램에 다도를 삽입하도록 하였으며, 관광업소·호텔·고궁에는 다실(茶室)을 만들어 외국인을 상대로 최대한의 홍보효과를 노린다는 방침까지 세웠다.

  바야흐로 차가 입신양명(立身揚名)의 귀물(貴物)로 변신하고 있었다.

  정부가 이 정도로 적극성을 보이며 나서자, 그때까지 지켜만보던 소극적 인사들까지 대거 목소리를 내기 시작했고, 치마바람은 더욱 거세어 졌다. 커튼 뒤로 숨었던 목소리도 일부 전면에 등장했고 덜 익은 소리, 설 익은 소리, 모두 기회를 놓칠세라 합세했다. 차선생·차문화 연구가·다도인을 자처하는 사람이 우후죽순처럼 나타났고 대학엔 다도서클이 유행처럼 생겨났다.

  한의학과가 있는 경희대학교에 선다회(仙茶會)를 필두로, 효당이 설립한 국민대학교에 명운다회(茗雲茶會)·동아대학교에 다연회(茶然會)·단국대학교에 화경다회(和敬茶會)·전남대학교에 남도차문화회(南道茶文化會)·동국대 경주분교에 서라벌 다우회(茶友會) 등이 속속 생겨 났다. 지도교수들은 이때 "차문화가 특히 중요하게 다루어져야 하는 것은, 한 번 육체 속에 스며들면 쉬이 고칠 수 없는 일상생활 속 정신문화 차원이기 때문"이라면서 대체로 세 가지를 학생들에게 지침으로 주었다.

  …첫 째는 선현들이 남긴 차문화를 이해, 계승하여 우리 고유 차문화 발전을 도모하며, 둘째로는 자기 성찰(省察)을 통한 수양(修

養)의 기회로 삼아 사회 진출을 앞두고 이의 습관화에 힘쓰는 계기가 되었으면 한다. 세상은 산업사회를 지향하여 달리고 있으며 이것이 가속화될 수록 정신지주(精神支柱)는 흔들리기 쉽고, 게다가 각종 스트레스는 가중되어 인간성 상실이 쉬워진다. 이처럼 정신없이 밀려가는 생활 속에서, 잠깐 잠깐, 한 잔 차를 손수 마련해 음미하는 것으로써 정신의 안정을 되 찾고 올바른 생활을 영위할 수 있는 역량을 길렀으면 하는 것이다. 셋째로는 차생활을 위한 기본 지식을 연마했으면 한다. 예컨대 차의 종류, 차의 성분과 효능, 다기구의 선택법과 감상법, 차의 보관법과 감정법 등을 잘 익히면 차생활이 더욱 즐거워질 것이다…

　유명 기관·단체가 다투어 다인을 초빙하여 차 강의를 들었고 다도교실을 개설했다. 승려들도 대거 강사로 나섰다. 문제는 차츰 심각해지기 시작했다.
　다도열풍(茶道熱風)이 부는 것이었으나 차를 가르칠 지도인력이 미처 배출되지 않았고, 통일된 교재도 없는 상태였다. 더욱이 여성들이 앞에 내세우는 예법은, 통일은커녕 서로 내 것이 옳다고 주장만 일삼던 때였다.
　섬세한 잔가지까지 통일할 필요는 없겠지만, 큰 줄기에서는 '근원이 되는 하나'를 보여 주어야 했다. 교재는 당장 있어야 할 것이 없는 격이니, 중국 고전이나 일본 다서를 활용할 수밖에 없었고, 그것도 아니면 누군가 합리적인 교재를 만들어낼 때까지 예절에 치중하면서 시간을 보낼 수밖에 없었다.
　급한대로 관혼상제며 바르게 절하기, 현대의 인사법, 한복 입는 법 등등을 차 교육의 주요 과제로 포함시키게 되니, 차는 점점 더 여성의 전유물로 굳어지면서 남성의 설 자리를 거두어 갔고, 이윽고 다도학교는 예비신부학교의 성격을 띠게 되었다. 혼란한 상태가 계속된 것이지만 워낙 차문화가 쇠퇴한 당시여서 "차는 이런 것인가 보다" 정도로 한동안 먹혀들긴 했다.

그러나 곧 한계를 드러내기 시작했다. 사람들은 불과 반년도 안 되어 벽에 부딪혔다. 배우는 입장에서는 겨우 입문한 것 같은 데 선생은 더 가르칠 것이 없는 상태가 된 것이다. 그저 같은 것을 반복할 뿐 진전된 무엇을 내놓지도 보여주지도 못했다.

차선생들은 화합하지도 않았다. 조선시대 젯상의 생선꼬리 방향 가지고 다투었듯이, 팽주가 앉을 때 오른쪽 무릎을 세우느냐 왼쪽 무릎을 세우느냐로 다투었고, 화장이 진하다거나 반지를 끼고 차를 한다며 서로 기본도 갖추지 못했다고 시비를 일삼았다.

기왕 배우기로 마음 먹었던 것, 좀 더 깊은 무엇이 없나 찾는 학생들은 슬그머니 이 선생 문하로도 옮기고, 저 선생 문하를 기웃거리기도 하며 어려운 시절을 보내야 했다.

국제행사와 차잡지 월간 다원의 부침

　정부가 앞장 서는 정책적 추진이란 정말 든든한 울타리였다. 무엇보다 신문 방송을 원활하게 활용할 수 있어 도움이 컸다. 문제가 있다면 그 핵심은, 정부나 언론사거나 간에 연구하는 자세로 진지하게 다도의 세계를 담당한 사람이 드물었던 데 있었고, 따라서 나아갈 방향을 바로 보지 못 하는 데 있었을뿐, 당시의 분위기는 나무랄 것이 없었다.

　82년 11월 초의 일간지들은 "우리 차 마시기에 정부가 앞장 서기로 했다"는 굵직한 제목 아래 "12월 초부터는 관청을 찾는 모든 손님에게 커피나 다른 음료 대신 전통차를 내기로 하였다"고 일제히 보도했다.

　이의 실행을 위해 문화공보부는, 각 부처 장·차관과 청장, 원장 및 국장급 이상 고급공무원 부속실 여직원 전원에게 특별히 다도교육을 실시하였다. 1일 2시간씩 2주 동안 실시된 차 교육은, 그러나 역시 예절 쪽으로만 너무 치우친 나머지 크게 실패하고 말았다. 부속실 형편은 그들이 가르치는 대로 전통적 분위기를 갖출 수도, 늘 한복을 입고 서비스할 수도 없었던 것이다.

이때 교육에 참가한 고급공무원 부속실 여직원은 약 5백여 명이 었는데 마침 학교에 가마를 설치한 진주의 박종한 교장은 일선에서 이 일을 추진한 죄(?)로 이들 전원에게 다시 1세트 씩을 선물했다. 개인에게 준 것이 아니라 부속실에 비치하여 차를 내는 데 사용하도록 한 것이다. 그러나 이것 역시 보람없는 일로 끝난 것이, 1년 후 비치상태를 조사해 본 결과 다기가 온전히 보관되고 있는 곳은 단 한 곳도 없었다.

같은 해인 82년 12월 초에는 또 다른 내용이 신문 방송을 통해 보도되었다. "문교부는 내년부터 초·중·고의 모든 학생들에게 전통다도를 교육하기로 하였다. 끓이는 법부터 마시는 예절까지…"

그러나 당시 문교부 생활지도 장학관으로 실무를 담당했던 박준교(敎育硏究官)씨는 "그건 잘못된 보도"라고 잘라 말했다.

86·88 국제행사에 대비하여 전통문화를 개발 보급한다는 원칙하에 우리 고유의 차를 유력한 후보로 선정했고, 또 차는 국민 정신교육 측면에서도 좋을 것이라는 판단 하에 시·도 장학관 회의를 주재한 일은 있지만 확실하게 결론지었던 일은 아니었다는 것이었다.

어쨌든 다도열풍은 점점 더 뜨겁게 불었다. 차생활 붐은 전국적이 되었고, 문화공보부가 앞장 선만큼 문교부도 남다른 관심을 보였다. 그러나 문교부는 곧 독자적으로 다도를 분석했다. 그 결과 교육 과목으로 채택하는 데는 선결해야할 문제가 많다는 것을 알게 되었다. 왜색시비가 조용해 졌다고는 하나, 완전히 벗어난 것은 아니었다. 이를 학교에서 가르치는 데는 보다 신중할 필요가 있었다. 바르게 절하기·한복 바르게 입기 등 전통예절에 치중할 것이라면 구태어 다도를 빙자할 필요가 없다는 데도 교육계의 의견이 모아졌다. 게다가 교재를 만드는 것도 한 두해에 가능할 것 같지 않았다.

고심 끝에 문교부는 당분간 시·도 교육위원회에 맡겨 자율적으로 연구 지도하도록 조치하는 선에서 빼려던 칼을 도로 집어 넣고 말았다. 학교 차원에서 교과목으로 받아들이기엔 좀 더 시간이 필요하다는 판단이었다.

규모있는 국제행사를 앞두고 차생활을 우리 대표적 생활문화로 선정, 선양(宣)키로 방침을 정한 문화공보부는 82년 말 차전문 월간지 "다원(茶苑)"의 발행도 허가했다.

언론통폐합의 후유증이 채 가시지 않은 때였다. 월간 "다원"은 사단법인 한국차인회 홍보사업의 일환으로 등록되었다. 열풍이 불어 과열된 분위기에서 월간지 발행은 비상한 관심의 대상이 되었다. 잡지 발행을 근본적으로 반대하는 임원은 없었지만, 차인회의 재정형편은 잡지를 발행할 만큼은 안 되었다.

당시 출판계는 "망하고 싶으면 잡지나 발행해라"는 속어가 나돌 정도로 시장이 어두웠다. 따라서 잡지의 규모나 크기, 편집방향, 주독자층을 설정하는 데 있어서 사람마다 의견이 분분했다. 어느 정도가 적당한 경영이며 투자 재원은 누가 어떻게 마련할 것이냐도 작은 문제가 아니었다.

일단 발행을 시작하고 보자는 임원도 있었다. 당시 회장은 송지영(宋志英) 씨였는데, 법률상 국회의원은 정기간행물의 발행인이 될 수 없었다. 또 정기간행물 등록은 반드시 발행인을 명시하게 규정되어 있었다. 이에 따라 월간 다원은 수석부회장인 극작가 김봉호 씨 이름으로 등록되었는데, 후일에 결과된 일이지만 이것이 화근이었다.

송지영 씨는 재정을 염려하여 잡지가 기관지 수준이기를 희망했다. 일본의 '담교(啖交)'나 '나꼬미' 정도를 견본으로 제시했다. 이에 반해 김봉호 씨는 여성잡지 이상으로 화려하게 만들어도 성공할 것이라고 장담하면서 볼륨있는 잡지 발행을 강력히 주장했다. 몇 차례 만나 절충을 시도했으나 의견을 좁히지 못했다. 좋은 일 하자고 모인 사회단체 회장 입장에서 부회장을 바꾸기는 곤란한 일이었다. 게다가 김봉호씨는 시나리오 작가로서 기본적 문명(文名)을 가졌고, 초의선집을 출간했고, 태평양의 다서 출판에 주도적으로 관여하는 등 활발한 활동을 하고 있었다. 해남차인회의 일원으로 일지암 복원 때 중앙무대에 진출한 뒤 전국의 다인들과 부지런히 교유(交遊)하면서, 누구보다 차잡지 발행의 필요성을 역설한 장본인이었다. 그는 아무도 의심하지않는 차잡지의 적임자였다. 그런 그가 발행인 자격으로 볼륨있는 잡지 발행을 주장하는 데 회장으로서 반대만 하고 있을 수는 없었다.

결국 송지영 회장은 김봉호 부회장에게, 아예 판권을 가지고 나가 독립해서 잡지를 경영하도록 권했다. 그것은 김봉호 씨가 은근히 원했던 쪽이었다. 그는 최소한 이삼년 정도는 차잡지 경영이 땅 짚고 헤엄치기일 것으로 낙관하고 있었다. 그리고 이렇게 분리되는 경우를 예비하여 미륭그룹의 박동선 회장과 내략 관계에 있었다. 김봉호 씨는 쾌재를 부르며 판권을 들고 나왔다. 일이 순조롭게 그의 뜻대로 되어가는 것이었다. 그러나 그는 남이 아닌 자기 자신에게도, 차잡지에 근본적으로 회의적인 일면이 있다는 것을 알면서 간과했다.

고향이 해남이라는 사실에서 짐작할 수 있듯, 그의 다론(茶論) 역시 조용한 차생활이었다. 한창 논란이 심했던 예절·다례법에 대해서는 다분히 부정적이어서 개입하려고조차 하지를 않았다. 어쩌면 그의 의욕은 잡지 발행이라는 그 자체에 있었지 차잡지가 아니었을 수도 있었다.

그는 편집실 식구들에게 곧잘, 경영을 걱정하기 보다 잡지를 채워나갈 "내용"이 걱정된다는 말을 흘렸었는 데, 이것이 바로 다론을 달리하는 데서 비롯되는 것임을 간과했던 것이다. 다시 말하면 그는 차에 대해 이렇쿵 저렇쿵 논리 펴는 것을 쓸데없는 일이라 여기면서, 한편에서는 잡지를 발행했던 것이었다.

창간호가 나왔을 때의 반응은 너무나 예상 외였다. 누구보다 반가워 할 줄 알았던 차인들이 잡지를 외면했다. 그것은 다인들이 원했던 소박한 전문지가 아니었다. 종합여성지 뺨치게 호화로운 잡지였다. 마치 예절 위주의 화려한 차운동을 선양하는 인상을 풍겼다. 또 하나의 불씨는 특정인의 다례법을 실은 것이었다. 차선생들간의 사소한 차이가 얼마나 심한 견제와 반목의 원인이 되고 있는지를 피부로 느끼지 못하여 소홀히 여긴 결과였다. 대개 겉으로만 화려했지 내용은 텅 빈 것들이었다. 한 마디 예리한 질문에도 흔들릴, 살얼음판 긴장같은 것이 짓누르고 있던 때였다. 저마다 원조, 정통을 주장하던 때에 나와 다른 남의 다례법이 먼저 소개된 것을 그냥 받아들여 소화하기 어려운 입장들이 많았다.

차잡지는 반가운 것이 아니라 경계의 대상이었다. 지나치다 싶을 만큼 예민한 반응을 보인 것은 이러한 분위기 탓이었다. 정부가 이것저것 앞장서는 폼이 곧 대학에 다도학과(?)라도 설치될 것 같았고, 기다리던 입신양명의 기회가 곧 다가올 지 모른다고 기대되던 때였다. 그러한 때 전문지가 등장하면서 자신을 찾지 않았다는 것을 용서할 수 없다는 차선생들이 적지 않았던 것이다. 그들에게 책을 파는 것은 에스키모에게 냉장고를 팔기보다 더 어려운 과제였다.

박동선 씨가 로비스트라는 표현으로 신문지상에 오르내리게 되자, 그를 파트너로 삼은 것도 마이너스로 작용했다. 왜 모든 상황이 불리하게 변하는 것인지 치밀하다는 김봉호 씨도 감당을 할 수 없었다. 업친데 덮친 격으로 문화공보부와 차인연합회도 "다원"에 등을 돌렸다. 문공부는 왜 잡지가 김봉호 개인의 것이 되었느냐는 것이었고, 한국차인회는 분위기로 보아 얼마 못 갈 것 같은데, 그래도 차인회 이름으로 나온만큼 여차하면 그 불똥에 시달릴 지도 모른다는 전제에서, 일찌감치 필요 이상으로 몸을 움추렸다. 그래도 안심이 안된 송지영 회장은 김봉호 씨를 불러 "한국차인회와 관계없이 경영하므로 모든 책임을 본인이 진다"는 각서를 받기두기까지에 이르렀다.

이 정도면 누가 맡아도 될 분위기가 아니었다. 김봉호 씨는 만 1년을 버티지 못하고 물러나고 말았다. 누적된 적자와 부채가 만만치 않아 다른 사람이 선뜻 인수할 수도 없는 지경이었다. 발목 잡힌 꼴이 된 박동선 씨는 친구인 곽경열 씨를 새로운 발행인으로 내세워 반년쯤 더 발행토록 하다가 17개월만에 잡지를 포기하고 말았다.

월간 다원의 부침은 차생활운동 전반에 엄청난 충격을 주었다. 요원의 불길처럼 번져가던 차 붐에 제동을 건 격이었고, 다례법이 내용을 갖추지 못한 거품 같은 형식 없음을 백일 하에 드러냈다. 자연 차를 매개로 하여 국민정신 순화며 주체의식 고취를 추진하던 정부의 정책도 주춤하게 되었다.

몇 사람 관련 인물이나 하나의 월간지를 둘러싼 이야기가 아니었다. "차"를 주제로 깊히 파고들어볼 때, 과연 그 속에서 얻을 수 있는 것이 무엇이며, 어떻게 해야 얻을 수 있는지를 다시 생각하게 하는 사건이었다.

거품에 싸인 상태에서 많은 사람들의 호기심을 자극하였기에, 그

거품을 벗기면 순수하고 진솔하며 아름다운 우리 것을 발견할 수 있으리라 기대했던 찻잔 속의 문화가, 3백 여 페이지에 이르는 호화 월간지 모습으로 보여준 것은 "허약하기 이를 데 없는 실체"뿐이었다. 생각있는 사람에게 다시 생각할 계기를 주고, 또 인식을 새롭게 갖도록 했다는 정도가 월간 다원 부침이 남긴 의미라면 의미였다. 필자는 당시 다원을 떠나면서 다음과 같은 글을 남겼다.

…차를 마신다는 것은 지난 시간이나 흘러간 일을 반성하고 다가올 일을 준비하는 행위로써, 인생을 보다 알차고 뜻있게 하기 위한 공간적 활용일 때 그 가치가 빛을 발하다. 따라서 차 보다는 다인의 자세가 먼저 정립되어야 옳았다. 다시 말하면 차 세계에 있어서도 차보다는 인간 됨됨이가 우선이어야 했던 것이다. 그저 차를 마신다고 해서 화합(和合)과 우애(友愛)가 이루지고, 인격이 도야(陶冶)되고, 문화가 형성(形成)되는 것은 아니라는 평범한 진리를, 우리는 월간 다원을 통하여 다시한번 확인한 셈이 되었다…

차 전문 월간지 다원(茶苑)은 그렇게 부침했다. 다원은 실패했지만, 공교롭게도 다원이 간행되던 그 기간이 차생활 운동은 가장 활발했던 시기였다. 문화공보부와 문교부 외에 정신문화원도 깊은 관심을 보였으며, 언론의 보도활동도 그 기간에 가장 활발했었다. 다회는 경쟁적으로 다례 시범을 보였고, 한·일 차문화 교류가 다회마다 유행하였다.

하지만 모든 활동이 수평적 화합은 이루지 못하고, 독자적이거나 수직적으로만 움직임으로서 한계를 드러내는 결과를 빚었다. 그것은 누가 낫고 못함 없는 모두의 책임이었다. 나만 옳고 상대를 인정하지 않는 풍토는 대립을 낳았고, 그러한 대립은 차를 배우는 사람들에게 곧잘 실망을 안겨주었다. 한국방송공사(KBS)의 한 PD는 83년의 경험을 이렇게 들려 준다.

…83년 후반기, 차생활 운동이 한참 고조되던 때였습니다. 선조들이 차를 즐겼다는 기록이 여기저기서 나와 발표되던 때라 TV 사극에 차 마시는 장면이 들어가야 한다고 생각했습니다. 일차적으로 사극에 끼워넣고 나아가 일반 드라마·현대물에서도 차 마시는 장면을 다례법에 근거해 다룰 예정이었습니다. 나름대로 도움말을 얻고 지도자를 구해 사극에 차 마시는 장면을 넣어 한 번 방영이 되었습니다. 그러자 뜻하지 않은 상황이 벌어졌습니다. 수화기가 불이 날 정도로 전화가 많이 걸려왔습니다. 다관 쥐는 손이 잘못 됐다. 차 넣는 게 일본식이다. 차는 그렇게 하는 게 아니다 등등 주로 항의였습니다. 사극에 우리 차 마시는 장면이 들어가 보기 좋았다는 전화는 단 한 통도 없었습니다. 우린 차 마시는 장면을 다시 넣을 용기를 갖지 못했습니다. 어차피 조선조는 차문화가 쇠퇴했었다 하니 조선조 사극에 차 없음을 탓할 사람은 없으리라 자위하고 말았습니다…

84년 이후 이후 차생활운동의 열기는 고개를 숙였다. 그리고 84년을 고비로 일선에서 까다로운 예의범절을 강하게 주장하던 목소리도 침묵하기 시작했다. 차를 국차(國茶)로 만들자는 소리도 사라졌다.

…차 가지고 많이들 떠들었지요. 그냥 기호에 맞는 사람들끼리 조용히 마시면서, 정신이나 맑게 다듬었으면 될 것을 가지고 저마다 독특하게 받아들여 정통이랍시고 많이들 떠들었어요. 그래서 뭘

얻었습니까? 결국 차장사들만 부자 만들어 주었지요… 과도기였다고 생각해야지요. 나는 요즘 분위기가 좋아요. 조용히 지난 일 돌이키면서 이젠 바른 길 찾아야지요…

차문화 불모지(不毛地) 서울에서, 72년 처음으로 차 모임을 주도했던 안광석 씨는, 86년 여름 인사동의 한 찻집에서 필자를 만났을 때, 그렇게 말하며 소탈한 웃음을 보여주었다.
차를 이웃에 권하는 사람은 오늘도 이렇게 말한다.

…차는 정신을 맑게 하고 소화를 돕는다. 갈증을 해소하고 입내를 방지하고, 해독의 효능이 있어 숙취에 그만이고 다이어트 음료로도 각광받고 있다. 차의 효능은 이외에도 많아 말로 다 할 수 없다. 차는 본디 약으로 시작하여 차차 음료가 된 것이다…

…그러나 차를 우려 마시는 것으로 병을 치유할 수 있다는 기대는 갖지 말아야 한다. 다만 예방 차원에서 효과가 있다고 볼 수 있다. 차가 좋은 음료로 권장되는 또 다른 이유는 그 성분들이 완만하여 늘상 마시더라도 부작용이 없고, 은은한 색향미가 사색의 숲으로 인도하는 마력을 발휘하기 때문이다…

차는 오염되지 않은 자연과 같다는 말이다. 자연(自然)이 우리 병든 인생을 치유하지는 못한다. 그러나 자연을 벗하는 것으로써 예방의 효과는 있을 것이다. 자연이 좋은 친구로 권장되는 또다른 이유는 그 본래의 성품이 완만하여 늘상 같이 하더라도 부작용(?)이 없고, 무한한 신비가 사색의 숲으로 인도하는 마력을 발휘하기 때문이다.

자연은 어머니 품과 같아 순간순간, 우리를 본질에 머무르게 한다. 차는 그 순수한 색향미로 순간순간, 자아(自我)를 돌아보게 한다.
결국 차생활은 개개인의 선택으로 어떻게 응용하느냐의 문제이지, 차를 마시는 것으로 인간이 변화하는 것은 아닌 것이다. 차생활이 우리를 풍요롭게 하고, 사회를 윤기(潤氣)있게 한다지만, 이것 역시 개개인이 분위기에 맞추려는 노력이지 차를 마시는 것만으로 어떤 이미지 통합이 이루어지는 게 아닌 것이다.
그렇다면 무엇보다 먼저 나만 옳다는 주장이 사라져야 한다. 내가 곧 기준이니 나를 따르라고 외치기 보다, 주위 와의 조화가 먼저라는 사실을 깨달아야 한다. 내가 인정받으려면 남을 인정할 줄 알아야 하고, 비판을 받지 않으려면 남을 비판하지 말아야 한다. 상대의 다례법이 불완전하게 보이는 꼭 그만큼, 나의 다례법에도 헛점이 있다는 것을 왜 생각하지 못 하는 것일까.
차를 조용히 음료로만 삼는 사람들은 그대로 존중되어야 한다. 마찬가지로 차에 일상음료 이상의 의미를 부여하는 사람들도 있는 그대로 존중되어야 한다. "조용한 차생활"도 존중되어야 하고, 매너와 에티켓을 중시(重視)하는 차생활 역시 존중되어야 한다. 중요한 것은 이렇게 상대를 존중해 주는 마음이요, 삼가야 할 것은 주장을 내세우는 일이다. 통일되고 획일적인 차예술(茶藝術) 차정신(茶精神) 차철학(茶哲學), 나아가 차문화(茶文化)는 바라서 될 일이 아니요, 그렇게 되어서도 안 되는 일이다.
예술의 참가치는 다양함 속의 조화(調和)에 있으며 묘(妙)는 설명이 아닌 암시(暗示)에 있다. 정신의 요체(要諦)는 지나침도 모자람도 없는 중정(中正)이다. 철학은 사유(思惟)라는 통로를 통하여 언제든 접근할 수 있어야 한다.

문화(文化)는 향유(享有)하는 사람의 것이다. 차생활은 열려있는 마당이어야지, 유혹적인 프로그램으로 무대에 올려질 성질은 애초부터 아닌 것이다.

오늘도 여전히 차는 세계인의 음료다. 유엔의 자료를 보면 인도·스리랑카를 비롯 중국·일본·인도네시아·파키스탄·케냐·말라위·탄자니아 등이 주요 생산국이다. 우리나라 생산량은 보잘 것 없어 비교도 어렵다.

그러나 기후 조건, 토질의 영향을 받는 질(質) 면에서 보면 그들의 차는 우리 차를 따라오지 못한다. 산삼이나 인삼·은행잎 등에서도 확인되듯 우리 차나무 잎의 성분은 세계에서 단연 으뜸이다.

차를 마시는 동기에도 커다란 차이가 있다. 대개의 나라들은 물이 귀하고 수질이 나빠 그대로 마실 수 없기에, 해독(解毒)·멸균(滅菌)·정화(淨化)의 성분을 가진 차를 택해 끓여서 마셔왔다. 때문에 그들은 차에 일상음료 이상의 의미를 부여하지 않는 경우가 많다. 다만 예외가 일본인데, 그들의 경우는 독특한 배경에서의 정치적 선택이었다. 그나마 뿌리는 한국에서 찾아야 한다. 지금에 와서 그들이 형식을 갖추며 성히 마시는 것이 자꾸만 눈여겨 보아지는 것은, 그들의 다도의식(茶道儀式) 속에, 본능적으로 우리 고향감정을 건드리는 무엇인가가 담겨있기 때문이다. 그건 인위적인 것이 아닌 무의식의 작용이라고 보아야 한다.

정리가 좀 더 완전해질 때까지, 당분간은 따지지 말자. 다만 주변과의 조화를 거슬리지 않는다면, 우리 식이라고 발표되는 다례법에 모두 아낌없는 박수를 보내자. 설혹 일본 다도를 흉내내는 사람이 있다해도 넓은 마음으로 따뜻하게 품어주자. 역사를 살펴 보았듯이 지난 4백 년간 우리 차문화는 쇠퇴할대로 쇠퇴하여 차가 무엇인지,

차생활이 무엇을 뜻하는지 모르는 사회가 되었었다. 그것을 3천불 소득 시대에 발돋음 하려 했다. 차생활이 취미의 일환이요 삶의 질에 관계되는 것이라면 소득 1만불 시대를 맞은 지금 또 한 번의 발돋음이 필요한 때로 보인다. 거듭 강조하는 말 - 문화는 향유하는 사람의 것이기에, 미처 향유하지 않는 입장에서 근원이나 따지는 것은 의미도 약하고 무모한 짓이었다. 자중지란(自中之亂)만 초래했을 뿐이다. 우선은 널리 생활화가 선행되어야 한다.

깊이 들어가지 않아도 우리 독특한 차생활 환경은 뚜렷하다. 맑고 깨끗한 물이 넘치는 땅에서의 차생활은 좋은 물을 더욱 정성스럽게 다루어 고급스럽게 마시는 것이었다. 인체에서 수분이 70%나 차지함을 감안하면, 그것은 인간 존중·생명 존중이다. 따라서 자연스럽든 까다롭든 차생활은 그 자체로써 훌륭하고 멋진 인생예찬이 되는 것이다.

금수강산 아름다운 땅에서 자연의 일부처럼 살아 온 선조들은, 그런 차생활을 통하여 순리(順理)를 익히고 인생과 우주의 원리를 이해하였으며, 그런 가운데에서 자연(自然)과 인간심성(心性)과의 조화를 노래했다. 그 자유롭고 낭만적인 기질은, 차생활과 함께 지금 우리에게 전해져 있다. 우리 것 찾기 운동과 괘를 같이 한 다도열풍(茶道熱風)은, 그것을 깨닫는 길이 바른 차생활에 있음을 알려준 귀한 '바람'이었다.

그리고 남은 이야기…

　학위를 위해 논문을 준비하는 마음가짐으로 이 책을 썼다. 도합 십오년이나 걸렸다. 하도 고치고 다듬고 하여 책을 덮어도 몇 페이지 몇째 줄에 무슨 글이 있는지 알 것만 같다.
　이 책은 많은 사람들의 글로 엮어졌다. 차 잡지 다원(茶苑)과 다담(茶談)에 기고했던 1백여 필진의 글이 골간이 되었다. 인연을 따지자면 필자가 다원(茶苑)의 편집장, 다담(茶談)때는 초대 발행인 겸 편집인이었던 관계다. 필자의 의도란 저널리스트로서의 객관적 시각임을 미리 밝힌다. 새 옷을 입히지도 않았고, 이리저리 색칠하지도 않았다. 누구나 공감할 수 있도록 자연 그대로의 이야기로 엮었다. 그래서 "바른 차생활의 필독서"란 부제를 자신있게 달았다.
　마무리하는 과정에서는 칠, 팔십 년대 차생활운동 일선에서 헌신적으로 노력했던 많은 분의 조언을 들었다. 그 과정(過程)에서 필자는 정말, 차는 보배로운 음료임을 다시 한 번 확인했다. 차는 수단이지 목적이 되어서는 안된다는 평소의 신념도 다시 한번 다졌다.
　다소 엉뚱하다 할 지 모르나 차가 우리 삶에 공헌하는 정도를 추리함에 있어 걸맞는 비교물은 돈으로 여겨졌다. 돈이 물질생활의 중요한 수단이듯 차는 정신생활에 있어 없어서는 안 될 중심 수단으로 여겨졌다.

희노애락고(喜怒哀樂苦)는 돈에만 있는 것이 아니라 차에도 있었다. 어떤 성취에 있어 기쁨과 보람이 함께 하는 모양은 차나무가 꽃과 열매를 동시에 보여주는 것과 같아 보였다. 하나하나 유사성을 찾아보면 더욱 흥미롭다. 수단에 그쳐야 할 것이 목적으로 잘못 인식되기도 한다던가, 사람마다 견해를 다르게 가질 수 있는 대상이라는 점. 또 직접 벌어봐야 돈의 귀하고 어려움을 알게 되듯, 차도 직접 만들어 봐야 그 오묘함을 터득하게 되는 등 흡사한 부분이 많았던 것이다. 물질(돈)을 앞세우기 시작하면 인간이 추해지는 것과 마찬가지로 정신(차)이 너무 강조되면 조선시대와 같은 도덕 제일주의가 되어 필주(筆誅)가 난무하는 메마른 사회가 될 지 모른다는 점도 같았다. 차생활을 멀리한 탓에 이미 그런 풍조가 사회 일각을 얼룩지게 하였는지도 모른다.

돈과 차, 어느 것이 현대생활에 더 중요한 가를 묻되, 어른에게 묻는다면 답은 어려워진다. 하지만 어린이에게 묻는다면 간단하다. 돈은 없어도 인간일 수 있지만, 정신이 들지 않으면 인간 축에 끼지 못하는 것이 사회이기 때문이다. 돈이 있어야 살지만 돈 자체를 내세우지는 않듯, 차 역시 겉으로 들어낼 것은 못된다는 점도 같다. 기본으로 있어야 하는 것이 빠져서 문제가 되는 것이지, 그것만을 가지고 따로 성취로 삼거나 자랑삼을 일은 아닌 것이다.

돌이켜보면 우리 사회는, 화폐로써 물질사회의 합리적인 질서를 이룩하는 데는 성공했지만, 정신생활의 중심 수단으로서 차를 선택하는 데는 철저하게 무지(無知)했다. 그래서 말 그대로 정신없이 사는 사회가 되었다.

지나침도 모자람도 경계하라는 차생활의 교훈 중정지도(中正之道)는 실제(實際)여야 하는 것이 이상(理想)이 되어 버렸다. 세상이 갈수록 건조해 진다고 걱정하는 사람은 많지만 물뿌리개가 되겠다는 사람은 드문 이기적인 사회가 되어버린 것이다. 그런 가운데 원인도 모르면서 처방을 외쳐대는 학자들만 기하급수로 늘어났다.

본문에서 충분히 살펴보았듯이 조선을 지배했던 주자의 도덕론은 차생활을 통해 집대성된 윤기 있는 학문이었다. 그런 것을 조선의 위정자들은 차는 버리고 학문만을 중시하여 물끼없는 사회를 만들어 버렸다. 아무리 이가 잘 맞는 톱니바퀴라 하더라도 윤활유가 없으면 소리나게 마련이고 쉽게 마모되는 것과 같은 이치였다. 끝내는 국권을 상실하게까지 만든 그 건조함은, 광복이 되고 50년이 지난 지금에도 치유되지 못 하고 있다. 도덕 제일주의가 물질 제일주의로 바뀌었을 뿐 정신없는 사람들이 설쳐대는 것은 오늘날의 사회도 마찬가지인 것이다. 이런 상태로는 잘 사는 것이 진실로 잘 사는 것이 아니요, 안다는 것이 진실로 잘 아는 것이 아니다. 어디서든 강한 바람이 불어 조금 더 말라버리면 바스락 부서져 버리고 말 나약한 부귀요 공명이 아닐 수 없다.

이런 점에서 필자는 바른 차생활이 하루빨리 부활되기를 바라며, 동시에 사회 질서와 정의를 확립하는데 차가 중심 수단이 되어야 한다는 믿음을 오늘도 신앙처럼 되새겨 본다.

필자가 차세계(茶世界)에 입문한 것은 미묘하게도 월간 다원(茶苑) 편집장을 맡으면서였다. 다원에서의 여러 가지 경험은 내게 놀라움으로 다가왔다. 아무리 세상이 다양화·전문화 되어 간다지만 여러 음료도 아니요, 차 하나만을 가지고 3백여 페이지에 이르는 잡지를 매월 발행한다는 것은 여간 호기심을 자극하는 일이 아니었다.

　발행인 김봉호씨는 차에 대해 해박했지만 월간지 발행에 있어 자신만만해 보이지는 않았다. 경영은 둘째치고 내용에 있어서도 잡지를 꾸려갈 방도에 많은 우려를 갖고 있었다. 그렇다면 당시 다원은 누구의 의도에 의해 3백 여 페이지의 월간지로 정해졌던 것일까. 그것은 지금까지도 수수께끼로 남아있다.

　편집장이라는 위치가 가벼운 것이 아님에도 문외한에게 맡겨진 것은 그럴만한 사정이 있었다. 일단, 발행인은 전문가였다. 다음으로 편집장이 있어야 하는데 다인 중엔 적당한 사람이 없었다. 둘 중 하나를 택해야 했다. 차 전문가에게 편집을 가르쳐 만드느냐, 편집 전문가에게 차를 알려주느냐 였다. 다원은 후자를 택했고, 이에 편집이 문외한인 필자에게 맡겨질 수 있었다. 기자도 하나같이 출중했으나 차에는 문외한이었다. 때문에 우리는 전문잡지를 만들면서도 차에 대해 이야기할 때면 "아직은 차가 뭔지 잘 모르지만요…"를 한동안 서두에 달아야 했었다.

　다도(茶道)냐, 다례(茶禮)냐 하는 논쟁도 그 안에서 겪었고, 지회마다 원조다 정통이다 하는 혼란도 그 자리에서 지켜보았다. 어느 한 쪽을 편들거나 옳고 그름을 판단할 위치는 아니었다. 그때 우리가 지향했던 자세는 모든 이의 주장을 다 잡지라는 광장에 모이게 하자는 것이었다. 그런 뒤 천천히 정립의 방안을 모색하고자 하였었다.

　83년은 차생활 운동이 가장 활발했던 시기였다. 격조 높은 명예가 차선생들에게 금방이라도 주어질 것 같았고, 알토란 같은 실리도 따를 것 같은 분위기였다. 이와 같은 상황에서 차는 수단이기보다 다분히 목적격이었다. 인품이나 수양의 정도는 제쳐놓고 언제부터 차를 마셨는가를 앞세웠고, 차 몇 잔만 공개된 자리에서 마시면 스스로 다인(茶人)이라 칭하는데 주저함이 없는 풍조가 만연했다.

월간 다원은 그런 분위기에서 발행되었다. 이해 못 할 반응에 우리는 어리둥절했다. 이 사람 주장을 싫으면 저 사람이 거부하고, 저 사람 글을 실으면 이 사람이 외면했다. 토론이나 타협의 여지가 없는 부정과 외면이었다. 그러면서 개인적으로는 어떻게든 다원을 통해 한마디 주장은 펴는, 모순된 현상이 계속되었다. 결국 다원은 얼마 지탱하지 못하고 문을 닫았고 필자는 그 무렵에 창간된 또 다른 전문지 월간 여행(旅行)의 편집장으로 자리를 옮겼다. 회상하면 조금도 미련이 남지 않는, 시원한 전직(轉職)이었었다.

얼마 지나지 않아 다원을 아쉬워하는 소리가 내외에서 들리기 시작했다. 필자는 필자대로 특별한 이유없이 차에 그리움을 느끼기 시작했다. 감미로운 뒷맛 만큼이나 은근히 가슴을 파고드는 그리움이었다. 서로 부정하고 다투던 모습도 그 그리움 속에서는 아름다운 추억이었다. 필자가 차에 대하여 남다른 애정을 갖기 시작한 것은 사실상 이 때부터였다. 차생활의 세계를 새로운 시각에서 냉정하게 조명해보고 싶은 필욕(筆慾)은 그로부터 2년 후에 발동했다. 바쁜 삶이었지만 다원에 근무할 당시 인연 맺은 분들과의 교유(交遊)는 계속하고 있었는데, 그분들의 권유도 있었다. 한국일보 김대성 기자는 "그것은 피할 수 없는 당신의 일"이라고 부추기기도 했다. 다인(茶人)을 만나면 때와 장소를 가리지 않고 메모하는 것이 습관이 되어갔다. 전국을 여행한 것도 꽤 여러 번이었다. 서울은 물론 광주, 해남, 보성, 부산, 마산, 진주, 울산, 대구, 안동을 두루 돌며 차생활 운동의 일선에 이름이 알려진 분은 거의 빠짐없이 만나 보았다. 그 분들의 가르치는 모습도 유심히 보아 두었다. 지금은 고인이 된 송지영(宋志英) 회장도 가까이 모시면서 많은 이야기를 나누었다. 특히 고마웠던 분은 인천 길병원의 이귀례 여사로 일부러

시간을 내어 많은 이야기를 자상하게 들려주었다.

이 글은 강남에서 발행되던 국내 최초의 지역신문 "리빙뉴스"에 처음 연재되었다. 발행인은 한국일보 주일특파원을 지냈고, 서울신문 전무이사를 역임한 임삼(林森)씨였다. 리빙뉴스는 후일 광고 신문이 되었으나 당시는 읽을 거리가 풍부한, 국내 최초의 지역 신문으로 꽤 인기가 있었고 발행 부수도 수만 부가 실했었다. 차 이야기를 연재하겠다고 의논드리니, 임삼 씨는 좋은 착안이라며, 호암 문일평의 차고사(茶故事)를 구해 주는 등 관심을 보였다.

회를 거듭하면서 독자의 반응은 의외로 커져, 차 글 때문에 리빙뉴스를 찾는 소리가 사방에서 들리게 되었다. 9개월 동안 연재하는 사이 신문사의 경영 규모가 2배로 커지는 기쁨을 누리기도 했다. 전혀 모르는 다인들로부터의 초대도 심심치 않았고, 강연 요청을 받기도 하였다. 글의 폭이 넓고 재미있다는 것이었다. 연재가 끝난 직후 (86년말) "다도열풍(茶道熱風)"이란 제목으로 도서출판 보림사(대표 이건호)에서 출판되어 호평을 받기도 했다. 하지만 그때 출판된 내용은 오류도 더러 있었고, 원고량도 이 책의 절반밖에 안되는 불완전한 것이었다.

어쨌든 옛날 이야기는 다양한 자료 섭렵을 통해 그런대로 정리가 되었다. 그러나 현대의 다도열풍(茶道熱風)을 취재하는 데는 어려움이 많았다. 가장 큰애로는 유파(流派)와 인맥(人脈)을 살피는 데 있어서 불확실한 연대(年代) 증언이었다.

필자 판단에 차운동의 본격적인 출발점은 1979년이었다. 진주에서 70년을 전후해 차 모임이 결성되고, 또 서울에서 72년 차 모임이 만들어졌다고 하나 동호인 성격이지 "운동"차원은 아니었다. 73년 효당의 "한국의 다도"가 발표되고, 이어 74년 독서신문에 "한국의 차·다론"이 연재되면서 관심층이 생겨나기 시작한 뒤, 75년 해남에 차인회가 조직되지만 역시 사회적 관심을 모으지는 못했었다.

해남차인회 주장으로 초의(艸衣)를 성인화(聖人化)하는 구상이 마련된 것은 78년이었다. 그들은 동다송·다신전의 가치를 극대화시키면서 일지암 복원 필요성을 역설했다. 이 주장이 전국 다인들의 뜻을 하나로 모으게 했고, 이듬해 실업가 박동선(朴東宣)씨가 적극 참여하면서 비로소 조직적인 차운동의 기초는 마련되었다.

전국이라고 했지만 수가 많은 것은 아니었다. 차생활 인구가 숫적으로 급증한 것은 80년 이후였지, 70년대에는 서울에 십여분, 부산에 대여섯분, 진주에 십여분, 광주에 몇 분 하는 정도였다.

그런데 어찌된 영문인지 근래에 만난 사람들은 모두 30년씩 차생활을 해온 분이었고, 만날 때마다 몇년씩 보태졌다. 그것은 정말 이해하기 힘들었다.

사실 필자에겐 언제부터 차를 마셨느냐는 하나도 중요하지 않았다. 그런 껍질보다는, 차생활을 통해 이룩한 감동적인 자기 완성(完成)의 사례를 더 원했었다. 차생활을 통해 성취한 아름다운 삶의 이야기가, 형식적으로 오고간 국제 교류 따위와 비교될 수 없다고 여겼고, 그런 감동적인 스토리는 차를 마시는 것과는 무관한 내용이어도 좋다고 생각했다.

하지만 사람들은 "나는 언제부터 차를 마셨다"는 주장과 함께 편견이 짙게 깔린 예절 법도 이야기에만 몰두하였다. 그것은 차생활을 통해 도달하려는 각성(覺醒)의 생활과는 거리가 먼 것이었다. 외면하는 사람은 철저히 외면했고, 받아들이는 사람은 무언지 뚜렷하지 않은 목적에 바치는 제물 정도로 차 인식은 변질되어 갔다.

애로는 또 있었다. 차운동의 명분이 석연하지 않았다. 나라와 국민을 위해서 벌인 우리 것 찾기 운동의 일환이라면 응당 정부가 이 운동을 지원해야 했다. 소비를 촉진시켜 차 산업을 일으키기 위해서였다면 기업이 차 선생들을 후원해야 했다. 여가를 이용해 봉사하는 마음으로 자원한 운동이라면 명예라도 주어져야 했다. 그러나 노력 값으로 차 선생에게 돌려지는 것은 너무 없었다. 열매는 기업이 챙겼고, 당국은 엉거주춤 구경하며 어부지리를 챙겼다.

형편이 그러하니, 명예라도 확실히 하려는 차 선생간에는 다툼이 생겨났다. 옛말에 다투거나 경쟁은 하되 상대에게 상처를 주어서는 안된다고 했다. 그러나 열풍이 몰아친 다도의 세계에서는 서로 깊은 상처를 주고받은 사람들이 많았다. 상처를 만드는 흉기는 '왜색시비'였다.

현재 우리 형편에서의 왜색시비는, 가해자와 피해자가 구별될 수 없는 누워서 침뱉기일 뿐이다. 누가 뭐래도 차문화는 한국에서 일본에 전해준 것이다. 동시에 다도가 오늘의 일본을 대표하는 문화라는 것을 부정할 사람도 없다. 우리가 오늘날 차생활 문화를 부활시키려는 노력 또한 - 우리 것 찾기라고 말은 하지만 - 일본이 차로써 문화·예술과 예의 질서 등 교육적 기품을 튼튼히 한 것을 본받자는 의도가 짙게 깔려있다.

중요한 것은, 문화는 향유하는 사람들의 것이라는 사실이다. 원산지나 이동 경로 따위는 연구하는 사람의 일이다. 문화로서 인정받는 기준은 현재 향유하고 있느냐 여부이지, 저 옛날에 전해준 것이라는 희미한 사실이 아니다. 그것을 근거로 천년 만년 그 문화의 스승 인양 목에 힘 주는 일은 아무에게도 공감을 얻지 못한다.

이 시대에 필요한 문화라면 지금부터라도 열심히 향유하면 된다. 널리 즐기다 보면 우리 나름의 독특한 다풍은 자연스럽게 정립되게 마련이다. 이질적인 미국의 인스탄트 커피문화도 이미 우리 문화화 되었는데, 본디 우리 것이었던 차문화가 낯설 까닭은 없는 것이다.

워낙 기본을 다 잃어버려 역수입이나 모방으로 재시작한다해도 일시적 혼란을 거치고 나면 금세 우리 모양이 찾아질 것이다. 거긴 아무래도 비슷한 게 많을 것이다. 그 점을 우리는 시비 가리지말고 대범하게 받아들여야 한다.

필자는 이 문제에 있어서 김치를 예로 삼아본다. 지금 일본인들의 김치에 대한 열기는 대단히 뜨겁다. 상품화하여 세계에 수출하는 양도 본고장인 한국의 그것을 능가하고 있다. 우리 방법을 그대로 사용하는 것으로 출발하여 연구에 연구를 거듭하고 있다.

반면 우리의 김치에 대한 인식은 "김치 냄새 풍기는 것을 수치"로 여겼던 때보다는 조금 나아졌지만 크게 발전된 것 또한 없다. 그런 가운데 김치를 안 먹는 신세대가 늘고 있다. 이같은 추세가 계속된다면 1세기 후쯤 어떤 소리가 들릴까. 김치는 일본 것이라는 소리가 나올 것이요, 일본식 김치냐, 한국식 김치냐 논란도 일 것이다. 학자들은 사료를 들춰 보이며 "김치는 우리 고유의 것"이라고 힘들게 설명할 것이다.

일본인들에겐 그들의 특질이 있는 만큼 상당 부분 그들 음식문화에 맞게 변화 발전될 것이 뻔하다. 그렇다면 오늘날의 '다도 시비'와 똑같은 '김치 시비'가 되는 것 아닐까.

차는 애당초 우리 것이었다. 말차는 일본 것이란 소리도 무지를 드러내는 소리일 뿐이다. 우리 역사에 홍건한 차 이야기의 90%가 알고 보면 말차 이야기이다. 왜색시비는 다음다음 문제여야 한다. 왜색시비로 시간을 허비하기보다 차라리 그 왜색 속에 본격적으로 들어가, 그 속에서 우리 것을 건져내는 일이 더 시급하고 보람있는 일이 될 것이다.

　어떻게든 정부가 차생활의 중요성을 공감하여 하루빨리 차가 국가의 장래에 공헌할 수 있도록 길을 열게 해주십사 - 하는 기도가 다인 모두의 소망이 된지 오래이다.
　불신과 반목이 날로 팽배(澎湃)하여 점점 더 메마르고 영악(獰惡)해지는 사회에서 "죽어가는 지성(知性)"을 되살리는 데 차생활 보급만큼 적절한 선택도 드물다고 믿기 때문이다.
　차를 하나의 기호음료로만 여긴다면 물론 할 이야기가 없어진다. 그러나 차생활의 실체(實體)를, 우리들 의식의 본질을 파악하듯 현상학적(現象學的)으로 분석하면 그 숨겨진 가치가 빛을 발한다. 정신을 맑게 한다는 것은 자기 각성을 불러와 인간 본연의 품성을 회복시키니 곧 철학이 된다. 차생활로 철학적 사고가 일상화되어 사물의 근본이 합리적으로 정리되고, 그 결과로서 사회생활의 지침을 삼는 세상이 된다면, 그 때도 반목과 불신, 투기가 난무할까? 틀림없이 화합과 질서, 이해와 긍정이 샘처럼 솟아 누구보다 먼저 자기 자신이 편안하고 넉넉한 감정에 감싸일 것이다.
　바른 차생활의 지주(支柱)는 바른 역사의식이다. 삶의 중심은 현실에 있지만 현실은 항상 변화한다. "영원한 것은 변화하는 것뿐"이라는 말은 그래서 생겨난다. 때문에 현실은 중심이기보다 과정으로서 보다 큰 역할을 담당한다.
　차생활에서 중요시하는 것 역시 이 과정이다. 과정을 다듬는 정성, 나아가 과정을 사랑하는 마음을 기르는 일이 차생활의 목적인 것이다.
　사람은 저마다 목표를 가지고 매진하지만 최종의 목표에 이르지 못하고 과정 속에서 죽어간다. 십중팔구 필자도 그렇게 될 것이다.

그렇다면 정작 소중한 것은 과정이 아닌가. 과정 자체가 목적일 수 있지 않을까?

과정은 마음 착한 노력이다. 그것은 언제나 불완전한 상태일 수 있다. 이런 '마음 착한' 불완전을 수용하고 사랑하는 마음을 기르는 일 - 차생활의 요체는 여기에 있는 것이다. 이런 깨달음이 있어야만 이 단체나 조직, 사회나 국가가 알찬 풍요를 누리게 되는 것이다.

"아아, 어떻게 하면 나랏님들에게 이 중요함을 알릴 수 있을까."

우습게도 우리는 목에 힘주는 것과 달리 역사조차 모르고 산다. 그런 가운데 우리 것 아니라고 했던 것이 "알고 보니 우리 것"인 경우를 무수히 경험한다. 대표적인 이야기가 동이족(東夷族)은 오랑캐라고 하였다가 우리가 바로 동이족임을 알게 된 것이다.

고대 한국의 영토가 어디까지였느냐는 것은 아직도 의견이 분분하다. 학교에서는 한사군이 평양 부근에 있었다고 가르치고, 신문은 중국 요동 동쪽에 있었다고 특필한다, 진시왕의 만리장성이 다름 아닌 우리와의 경계였다고도 한다. 임진왜란도 지금와서는 승전(勝戰)이었다고 고쳐 말한다. 한국 사학의 대부라는 대학자가 단군을 신화적 인물이라고 끝까지 우기더니, 인생 종말에 이르러서야 실존 인물이었음을 진작부터 알았다고 실토하며 타계했다.

치욕의 역사를 되풀이하지 않기 위해서라는 명분을 내세우지만, 수모의 역사만을 지나치게 들쑤성거려 오히려 민족 자존심에 상처를 주고 있음도 지적하지 않을 수 없다. 이어가며 일년 내내 방송되는 TV 안방 사극에서는 외침에 시달려 갈팡질팡하는 장면들이 너무나 비참하게 극화되고, 조선의 사대주의 역시 사실보다 더 사실화(?) 되어 민족을 비분강개(悲憤慷慨)하게 만들기 일쑤이다. 신문들은 또 일제하의 암흑기를 한시도 잊지못하게 상기시키는 일에 그렇게 열심일 수가 없다. 정신대 이야기만 해도 - 아직 종결되지 않은 탓이지만 - 너무 자주 우리를 슬프게 한다. 그나마 사실 그대로이면 모르겠는데 대개는 식민사관이 가미되어 있다.

작가의 시각(視覺)만 탓할 수도 없다. 어려서 배운 학교 교육이 그랬고, 지금도 상당 부분 교과서는 그대로인 까닭이다. 파고들수록 역사에 대한 우리의 입장은 곤혹(困惑)스러울 정도이다. 아픈 이야기 실컷 한 뒤는 기쁜 이야기도 전하고, 자존심 상하게 한 뒤에는 자긍심도 갖게 해주면 좋으련만, 우리 역사에는 권선징악도 사필귀정도 없었다. 그렇게 사는 사이 어느 게 정의인지, 어느 게 진짜 우리 것인지 모르게 되었고, 저마다 다른 사관(史觀)을 갖게 되고 말았다.

이윽고 엄청난 일이 벌어지고 말았다. 사람들은 6·25를 이데올로기 전쟁이라고 말하지만 필자 생각엔 그것이야말로 통일된 사관, 하나여야 하는 뿌리 의식이 열 갈래 백 갈래로 갈라짐으로서 터진 비극이었다. 포성은 멎었지만 그 비극은 지금까지 계속되고 있다. 바른 역사관이 구심점(求心點) 역할을 못하는 한 비극은 계속될 것이고, 한국인은 "개인은 우수하지만 단체는 모래알 같다"는 평가에서 벗어나지 못할 것이다.

권하고 싶은 것은 역시 차생활이다. 추측으로 역사를 만들어갈 수는 없지만, 그러나 역사는 소설보다 더 우연이 통하지 않는 필연의 세계이다. 문득 나타나는 것도 저절로 생겨나는 것도 없다. 한결같은 모색이며 사유가 빚는 상황의 연속이다. 그렇다면 열쇠는 사유에 있을 수도 있다. 상식을 비웃는 난해한 기록, 어설프게 신화로 포장된 자주성, 이웃의 왜곡으로 중간 중간 끊어져 버린 문화사 등… 관심을 갖고 살피면 살필 수록 의구심만 더해가는 우리 역사의 문제를 푸는 열쇠는 사유로 찾을 수도 있다. 사유로 가설을 세우고 하나하나 증거해 간다면 엉킨 매듭들이 모두 풀리리라 믿어지는 것이다.

그러면 사유(思惟)는 어떻게 하는가, 차를 마시면 그것이 곧 사유다. 생각하는 생활이 곧 차생활(茶生活)이라 하지 않았는가.

끝으로 하고싶은 이야기는 화경청적(和敬淸寂) 시비이다. 이는 일본 다도의 특성을 설명해주는 네 글자인데, 여기서 일본을 지워버리면 "다도의 특성"을 설명해주는 글자가 된다. 센리큐(千利休)는 이 네 글자에 다인의 정신을 담아 참으로 깔끔하게 정리했다. 화·경·청·적을 모르면 별문제인데, 한 번 접하고 나면 이것을 피해서 다도를 설명할 방법을 잃고 만다.

시비는 그래서 생겨난다. 화경청적 또한 애초에 우리 것이었다고 주장하는 인사도 있었다. 그러나 그것만큼은 무리이다. 지난 4, 5백 년간 그 네 개의 글자만큼 일본이 애지중지 해온 것도 드물기 때문이다. 우리가 그 글자를 사랑했던 시기가 있었을 수도 있다. 그러나 차생활에 결부시켜 사용한 흔적은 없다. 차정신을 네 글자에 담아 정연한 논리의 철학으로 발전시킨 것은 일본이었다. 그런 것을 하루아침에 우리 것이었다고 하며 넘보는 것은 아무래도 억지이다. 생각을 깊이 하면 몇 개 글자에 연연하는 자체가 우리다운 모습이 아님을 발견할 수 있다. 오늘에 와서 뚜렷해진 우리와 일본인의 차이점을 보자. 우리에겐 창의력은 풍부하지만 다듬어 발전시키는 노력은 부족했다. 반면 일본인들은 창의력은 부족하지만 한 번 손에 쥔 것을 가꾸고 발전시키는 데는 탁월한 집착과 연구력을 보여왔다. 무엇이든 정성으로 가꾸고 다듬는 것으로 "창의보다 나은 응용"이란 평가를 받는 민족이 되었다.

　다도가 사회성 짙은 철학이라면 화경청적은 일본인의 정서를 대표하는 글자이다. 이미 수백년전부터 문화생활의 지표(指標)로 삼아 향유해 온 글자이다. 때문에 그것만큼은 우리 입장에서 근원을 따질 일이 못 된다. 따지기보다 그들의 노력을 인정해 주고, 성단(聖壇)에 올려진 글자에 함께 경의를 표해주는 것이 옳은 자세라고 생각된다.

　필자의 눈에는 어차피 일본의 특징과 우리 차생활은 관련이 없어 보인다. 일본 류의 다도열풍(茶道熱風)이 아무리 불어도 - 일시적으로 부분에 영향을 줄 수는 있겠지만 - 끝내 우리 사회는 일본식이란 것을 받아들이지 않을 것이기 때문이다. 창의력 있는 민족은 생리적으로 틀이나 구속을 거부하기에 일본식 형(形)의 문화는 우리와 상관이 없는 것이다. 선인들이 대범하게 그래왔듯, 화경청적을 말할 수도 있고, 말하지 않을 수도 있는 게 우리 모습이지 그것에 연연해 시시비비하는 것은 우리 모습이 아니라는 말이다.

　우린 사실 중정(中正), 한마디면 족하다. 지나침도 모자람도 없는 것. 너무 심취해 사로잡히는 것도 경계하고, 너무 가볍게 여겨 뜨거운 물에 손대듯하지도 않는 것. 그것이 중정(中正)이요, 그것이면 우리 차생활 지표로 부족함이 없다. 그 이상의 것은 개인이 만들어 갖는 게 바람직하다.

　진짜 시정하고 반성해야 할 부분은 따로 있다. 다름 아닌 차 소비량이다. 선진국 국민과의 비교는 거론조차 할 수 없을 만큼 부끄러운 지경이며, 아프리카 사람들만큼도 차생활을 하지 않고 있다. 커피나 술·담배 소비량이 상위권인 것과 반대 현상이다. 유엔의 통계, FAO(세계보건기구)의 통계가 하나같이 그 모순을 지적하고 있다. 그것은 사회가 그만큼 건조하다는 이야기와 같다. 소득이나 지식 수준과는 관계없이, 정서적으로는 후진국보다 더 드라이한 삶을 살고 있다는 이야기다.

세계에서 가장 뛰어난 성분의 차가 생산되는 나라의, 일인당 소비량이 후진국보다 작다는 것은, 세계에서 가장 우수한 민족이면서 그 우수함을 가치 있게 살리지 못하고 있는 현실과 같은 것이다.

모두들 오늘의 사회에 문제가 있다고 말한다. 심각하다고 하는 이도 적지 않다. 여기 이르면 필자의 견해는 외침이 된다.

"차를 마시면 흥한다. 지금부터라도 모두 차를 마시자. 차생활 부활이 곧 열쇠이다. 민족 기상의 재건도 차생활 부활 여부에 달려 있다"

이 책을 덮을 때는 필히, 한 잔 차의 색향미를 오관으로 감상하면서 인도의 시성(詩聖) 타고르의 노래를 음미해 보자.

일찍이 아시아의 황금 시대에
빛나던 등불의 하나 한국,
그 등불 다시 켜지는 날
너는 동방의 찬란한 빛이 되리라.

그는 시인이요 사상가이기 이전에 역사를 다루는 사학자였다.

- 화인재(華仁齋)에서 반취(半醉) -

한국의 차문화

	정가 10,000원
판권	2008년 6월 10일 인쇄
	2008년 6월 15일 발행
	저 자 : 이 기 윤
	발행인 : 이 명 훈

발행처 도서출판 남양문화

151-011 서울 관악구 신림1동 1627-15
전 화 : 864-9152~3
FAX : 864-9156
등 록 : 제3-489

파본이나 낙장이 있는 책은 교환해 드립니다.